LE PARTI PRIS DES MOTS
Normes et attitudes linguistiques

 *PSYCHOLOGIE ET SCIENCES HUMAINES*

Dominique Lafontaine

le parti pris des mots

PIERRE MARDAGA, EDITEUR
2, GALERIE DES PRINCES, 1000 BRUXELLES

© Pierre Mardaga, éditeur
37, rue de la Province, 4020 Liège
2, Galerie des Princes, 1000 Bruxelles
D 1986/0024/30

A René Delarge

« C'était, non plus avec des membres de sa famille, mais avec certains écrivains de son temps que d'autres traits de son élocution lui étaient communs. De plus jeunes qui commençaient à le renier et prétendaient n'avoir aucune parenté intellectuelle avec lui, la manifestaient sans le vouloir en employant les mêmes adverbes, les mêmes prépositions qu'il répétait sans cesse, en construisant les phrases de la même manière, en parlant sur le même ton amorti, ralenti, par réaction contre le langage éloquent et facile d'une génération précédente. Peut-être ces jeunes gens — on en verra qui étaient dans ce cas — n'avaient-ils pas connu Bergotte. Mais sa façon de penser, inoculée en eux, y avait développé des altérations de la syntaxe et de l'accent qui sont en relation nécessaire avec l'originalité intellectuelle. Relation qui demande à être interprétée d'ailleurs. Ainsi Bergotte, s'il ne devait rien à personne dans sa façon d'écrire, tenait sa façon de parler d'un de ses vieux camarades, merveilleux causeur dont il avait subi l'ascendant, qu'il imitait sans le vouloir dans la conversation, mais qui, lui, étant moins doué, n'avait jamais écrit de livres vraiment supérieurs. De sorte que, si l'on s'en était tenu à l'originalité du débit, Bergotte eût été étiqueté disciple, écrivain de seconde main, alors que, influencé par son ami dans le domaine de la causerie, il avait été original et créateur comme écrivain. »

M. PROUST, *A l'ombre des jeunes filles en fleurs.*

« A la maison, on parle français. Enfin, maman et moi. Papa fait ce qu'il peut. Dommage. J'aurais tant voulu parler le dialetto ! C'est pas tellement joli, c'est lourdingue et gnangnan, un peu comme le morvandiau de mon grand-père Charvin, le père de maman. Je trouve que les patois ont tous l'air de marcher dans de la glaise collante avec des gros sabots. Je me suis acheté un « Assimil », j'apprends l'italien quand je suis aux chiottes, ça passe le temps, mais c'est le vrai beau académique, quand je dis une phrase à papa, en mettant bien l'accent comme c'est dit dans le bouquin, il me regarde comme si je lui faisais peur. »

F. CAVANNA, *Les ritals.*

Avant-propos

Comment le locuteur évalue, juge, jauge, perçoit, conçoit, estime, se représente les réalités et les variétés linguistiques, tels sont les phénomènes que nous avons pris le parti d'étudier, phénomènes que le sens commun et la plupart des spécialistes englobent dans la vaste catégorie des attitudes linguistiques.

On ne compte plus les études anglo-saxonnes qui, depuis la fin des années 60, ont été publiées sur ce thème. En réalité, le champ de recherche est extensible à l'infini, puisque toute variété, toute variante linguistiques sont passibles d'évaluation et donc dignes de venir nourrir la manne d'études empiriques déjà engrangée.

La littérature sur les attitudes linguistiques, en dépit de son importance, reste cependant peu connue dans le domaine francophone. L'un des objectifs de cet ouvrage est d'en dresser une présentation complète et critique qui, face au foisonnement rapide et parfois anarchique du champ, épingle les problèmes posés par l'évaluation des variables linguistiques.

Les recherches empiriques menées sur les variétés francophones sont par ailleurs peu nombreuses. Rares en France et au Québec[1], elles sont, en Belgique, quasi inexistantes. C'est ce manque que nous avons tenté de combler en partie en «explorant» un territoire à ce jour inviolé: les normes subjectives des enseignants et des élèves belges.

Ce texte et la thèse de doctorat sur laquelle il s'appuie ont bénéficié des critiques de plusieurs collègues et/ou amis : C. Blondin, J.-P. Bronckart, M. Condé, M. Crahay, G. De Landsheere, A. Grisay, G. Henry, J.-M. Klinkenberg, M.-L. Moreau, M. Richelle. Nous les remercions, en les dégageant de toute responsabilité pour les erreurs et imperfections qui auraient survécu à leur lecture.

NOTE

[1] Voir cependant Gueunier (1978) et Noel (1980).

Introduction

I. DES VARIETES ET VARIATIONS LINGUISTIQUES.

Les chercheurs qui étudient les productions linguistiques — linguistes, sociolinguistes, psychologues sociaux du langage, anthropologues ou ethnographes de la communication —, s'accordent pour reconnaître qu'il existe, au sein de toute communauté linguistique[1] de multiples variétés, parmi lesquelles on distingue trois types principaux[2]: des variétés régionales (régiolectes[3]), sociales (sociolectes) et individuelles (idiolectes).

Des variétés *régionales*: le français parlé en Belgique, par exemple, diffère par plusieurs aspects (accent, prosodie, phonétique, mais aussi lexique et morpho-syntaxe) du français parlé à Paris, à Rennes ou à Marseille. A l'intérieur de ce français de Belgique, le français parlé à Liège se distingue à son tour du français parlé à Bruxelles ou à Mons: les accents sont différents, certains Montois roulent les /R/, la plupart des Liégeois diront *chique* là où les Bruxellois diront *boule*, etc.

Des variétés *sociales*: l'observation courante nous l'enseigne, les individus ne parlent pas de la même façon suivant leur classe sociale, à tel point que l'on détermine souvent la position sociale d'un interlocuteur sur la base de son langage. Des études systématiques (Bernstein, 1971, 1975; Labov, 1976; Bourdieu, 1982) ont, par ailleurs, affiné ces constatations communes: il y apparaît notamment que les locuteurs petits bourgeois se distinguent des locuteurs issus de la classe ouvrière et des grands bourgeois, par un respect sourcilleux des formes réputées correctes.

Enfin, des variétés *individuelles*: chaque individu, en fonction de ses caractéristiques physiologiques, en fonction de son histoire personnelle, s'exprime d'une façon particulière, avec un timbre de voix plus ou moins grave, en réalisant le /s/ plus ou moins chuintant, en nasalisant plus ou moins certaines voyelles, etc.; tel individu, pour exprimer son ennui et son énervement face à une situation, dira «X m'a énervé», un autre «X m'a échauffé», un autre encore «X m'a cassé les pieds». Suivant ce que Bourdieu appelle l'*habitus* linguistique[4], l'individu est porté à utiliser préférentiellement certaines des multiples possibilités que lui offre sa langue, en l'occurrence le français.

Les trois variations — régiolectes, sociolectes, idiolectes — que nous avons isolées, entrent en réalité en interaction: comme un individu appartient nécessairement à une région et à une classe sociale, son répertoire (idiolecte) s'inscrit, du moins en partie, dans un régiolecte et un sociolecte. Par ailleurs, l'opposition entre sociolecte et régiolecte perd de sa consistance quand on s'efforce de rendre compte des productions d'individus particuliers. Il est bien connu que plus on s'élève dans la hiérarchie sociale, plus les réalisations régionales se font rares. En moyenne, un ouvrier ou un paysan s'expriment avec un accent régional plus marqué et utilisent plus de belgicismes qu'un avocat ou un médecin de la même région. De telle sorte que si l'on entreprend de décrire le sociolecte des ouvriers de la région liégeoise, par exemple, il faudra nécessairement y inclure un nombre important des traits caractéristiques du régiolecte. Par ailleurs, dans l'esprit de nombre de locuteurs, caractéristiques régionales et populaires sont potentiellement confondues; d'aucuns considèrent comme «typiquement régionaux» des phénomènes relevant du sociolecte populaire et vice-versa.

En réalité, la distinction de divers régiolectes et sociolectes, propre à rendre compte des *variations linguistiques inter-individuelles*, ne devrait pas contribuer à masquer une autre forme de variabilité, tout aussi importante, *la variabilité intra-individuelle*. Si le discours des locuteurs porte l'empreinte d'une région et d'une classe sociale, cette empreinte ne peut être considérée comme une forme de déterminisme sur lequel on pourrait s'appuyer pour prédire le comportement linguistique de ces locuteurs[5]. Non seulement les variétés sociales et régionales s'interpénètrent, mais les locuteurs, à de très rares exceptions près — parce qu'ils ont été à l'école, parce qu'ils écoutent la radio et la télévision, parce qu'ils voyagent et ne vivent pas dans un système de castes — ont, dans leur répertoire, plusieurs variétés linguistiques, qu'ils sont capables d'utiliser ou, du moins, de comprendre.

Les sociolinguistes (Labov, 1976) et les ethnographes de la communication (Hymes, 1968) ont ainsi isolé diverses variables associées à des variations linguistiques dans le discours. C'est ainsi qu'un même locuteur est susceptible de s'exprimer différemment selon :
- le contexte et son degré de formalité : par exemple, un locuteur ne s'exprime pas de la même façon à l'école ou en famille ;
- les relations qui unissent l'émetteur ou le récepteur : se connaissent-ils ? Sont-ils plus ou moins intimes ? ;
- le nombre de participants d'une interaction (dialogue, ou discours devant deux cents personnes) ;
- le mode oral ou écrit ;
- le canal utilisé (interlocuteurs en présence l'un de l'autre, téléphone...) ;
- le thème traité (exposé scientifique, récit d'un fait divers, plaisanterie) ;
- le type d'interaction, qui peut prendre des formes plus ou moins ritualisées (par exemple, ouverture et clôture d'une conversation téléphonique ; rédaction d'une lettre ; rituel d'une messe, d'une plaidoirie, d'une défense de thèse) ;
- etc.

Objectivement, on peut s'attendre, quand un locuteur est placé dans une situation qui comporte un certain nombre des caractéristiques évoquées ci-dessus, à ce qu'il utilise plutôt tel *registre* de discours (plus ou moins familier, plus ou moins soutenu) et même à ce qu'il produise, très probablement, certaines formes précises (par exemple, s'il téléphone, à ce qu'il utilise « Allô » ; s'il s'adresse à son patron, à ce qu'il le vouvoie).

Cependant, de même qu'il ne suffit pas de connaître l'origine sociale et régionale d'un locuteur pour prédire ce que sera son comportement linguistique dans une situation donnée, on ne peut se contenter de tabler sur les caractéristiques objectives de la situation pour faire une telle prédiction. Même s'il est vrai, en général, qu'un passage à la télévision représente objectivement une situation plus formelle qu'un dialogue entre amis, la perception qu'a un locuteur donné du degré de tension objective de la situation peut à son tour être éminemment variable. Pour ne prendre qu'un exemple, le journaliste qui présente tous les jours le journal télévisé percevra sans doute la situation comme moins tendue qu'un jeune sportif dont c'est le premier passage à la télévision. A côté du *degré objectif de formalité* ou de tension que comporte une situation, il faut donc distinguer la *perception subjective* qu'en a le locuteur. Si l'on veut rendre compte du comportement finalement observé, il faut encore envisager, à côté de ces deux aspects, les *moyens* linguistiques dont dispose l'individu pour répondre aux besoins objectifs et subjectifs de la situation; un locuteur belge se rendant à Paris peut souhaiter contrôler son accent régional, mais ne pas y parvenir; un demandeur d'emploi, vouloir écrire une lettre sans fautes et échouer dans son entreprise.

En d'autres termes, même si le locuteur est conscient du fait que certaines variables de la situation appellent certains types de variations, il peut se révéler incapable de produire les formes requises, car celles-ci ne font pas partie de sa compétence à communiquer.

II. DES REPRESENTATIONS ET DES ATTITUDES LINGUISTIQUES.

Parmi les diverses fonctions que peut assurer le langage, Jakobson (1963) distingue une fonction métalinguistique : le langage peut être utilisé pour parler du langage. Cette fonction trouve un accomplissement particulier dans tous les travaux de linguistique. Mais elle est aussi à l'œuvre, même si elle y prend des allures moins techniques, dans le discours quotidien, quand quelqu'un déclare : «c'est pas français, ce que tu dis», ou «un tel a un accent épouvantable».

Ainsi, le locuteur, de même qu'il se représente les phénomènes physiques (la forme de la terre, les marées, le vent), se représente les phénomènes linguistiques. Cette représentation ne constitue pas un simple reflet du comportement linguistique, mais une construction, plus ou moins autonome, plus ou moins indépendante, selon les cas, de la réalité observée[6]. Par exemple, le locuteur a une certaine idée de ce qu'est un accent régional, une certaine conception du «français» ou du «bon usage». Ce type de représentations, nous aurons l'occasion d'y revenir, entretient avec le comportement linguistique des relations complexes. D'un autre côté, il est en relation, même s'il ne s'agit pas, là non plus, de reflet, avec un autre type de réalité; celui du discours tenu par les personnes «autorisées» (grammairiens, linguistes, anthropologues, sociologues, etc.) sur ces phénomènes linguistiques. En sorte que s'interroger sur les représentations du commun des locuteurs revient aussi, pour partie, à s'interroger sur les relations qu'entretiennent les représentations «autorisées» des scientifiques et les représentations «vulgarisées», des non-spécialistes[7]. A titre d'exemple, on pourrait ainsi se pencher sur la ressemblance entre la description que ferait le linguiste de telle ou telle variété régionale et ce que les locuteurs de cette région, ou d'une autre, s'imaginent être les formes régionales.

A côté de ces représentations, et très souvent en liaison avec celles-ci, se développent des *attitudes*[8] linguistiques. Les locuteurs émettent des jugements sur les variétés linguistiques, y associent différentes valeurs, les hiérarchisent[9]. Tel accent est vu comme grossier ou vulgaire, tel autre comme pittoresque, tel enfin comme un signe de raffinement et de culture. Certains, en matière linguistique, ont une attitude plutôt normative, voire puriste, d'autres une attitude plus tolérante. D'aucuns appellent de leurs vœux une réforme de l'orthographe, d'autres y sont farouchement opposés, etc.

De tels jugements, même s'ils s'appuient sur des arguments esthétiques (la clarté, la musicalité, l'élégance de tel parler), sont avant tout des jugements sociaux. Si telle variété, tel accent, sont jugés vulgaires, c'est surtout en référence à l'identité sociale des locuteurs qui utilisent en priorité cette variété. Rien, d'un point de vue strictement linguistique, ne permet de décider que «ouais» est moins élégant que «oui», «mallette» que «cartable» ou «j'ai tombé» moins clair que «je suis tombé». C'est uniquement en se fondant sur la place qu'occupent, dans la hiérarchie sociale, les utilisateurs de ces variantes qu'un tel classement est possible[10]. Des études expérimentales (Giles, Bourhis et Davies, 1975; Giles, Bourhis, Trudgill et Lewis, 1974) ont d'ailleurs montré que des locuteurs étrangers étaient incapables de percevoir les hiérarchies de variétés établies par les locuteurs natifs.

Si les attitudes linguistiques ont un caractère social, c'est d'une part parce qu'elles se fondent sur l'identité sociale des locuteurs; c'est aussi parce qu'elles contribuent, en retour, à asseoir l'identité sociale de celui qui exprime de telles attitudes. Ainsi, le fait de se déclarer un adepte de la «chasse aux belgicismes» participe au mécanisme social de distinction des groupes[11], comme le font le vêtement, les goûts musicaux, culinaires ou picturaux. En même temps qu'il classe, par ses attitudes et ses représentations, le locuteur se classe.

Enfin, parmi les représentations et les attitudes linguistiques, on compte une classe de phénomènes particuliers: l'auto-représentation et l'auto-évaluation de ses pratiques linguistiques par le locuteur. De même qu'un locuteur se fait une certaine opinion du langage et des productions linguistiques d'autrui, il a conscience de pratiquer certaines formes linguistiques, plus ou moins conformes à ce qu'il estime être le modèle à suivre, et à se montrer, par conséquent, plus ou moins satisfait de son «image» linguistique. Comme certaines études l'ont montré (Labov, 1976; Trudgill, 1975; Houdebine, 1983), ce degré de conscience est généralement assez faible; les locuteurs ont tendance à percevoir leurs productions à travers le prisme des réalisations visées (les modèles), ce qui les conduit à avoir une image déformée de leurs pratiques.

III. LA NORME ET LES NORMES [12].

Le mot «norme» peut prendre, dans le champ linguistique [13] au sens large, de multiples significations.

Chaque variété linguistique obéit à des normes *objectives* qui lui sont propres [14]. L'adjectif qui réfère à ce type de normes est celui de *normal, régulier*. La norme objective se définit comme l'ensemble des règles qui régissent une variété linguistique donnée, ensemble que s'attachent à décrire, sans jugement de valeur, les linguistes. Répétons-le, rien, d'un point de vue linguistique, ne permet en effet de hiérarchiser les variétés ou les normes auxquelles elles obéissent.

Cependant, si les linguistes sont censés décrire toutes les variétés linguistiques, on remarque que leur attention s'est portée le plus fréquemment sur l'une de ces variétés, que l'on appelle «variante standard», «bon usage», «variante normée», ou, de façon absolue, LA NORME. A ces différentes étiquettes [15], nous préférons quant à nous celle de «variété légitime» (Bourdieu, 1982) qui insiste sur le caractère social et institutionnel de l'imposition. L'imposition d'une variété légitime, à travers les grammaires normatives (*Le Bon Usage*) et l'école notamment, tend à uniformiser les usages linguistiques, à réduire la diversité sociale et régionale, considérée, d'un point de vue normatif, comme «écart» ou «incorrection» [16]. C'est à cette variété légitime que l'on se réfère lorsque, en dehors de tout contexte d'énonciation, on se pose des questions du type: tel énoncé est-il correct? Combien de fautes comporte telle phrase? Il ne s'agit dès lors plus de s'interroger objectivement sur la façon dont on parle, mais sur la façon dont on *doit* parler. L'une des normes objectives devient ainsi instrument de *prescription* [17].

L'on sait le lien privilégié qui unit la variété légitime et les productions linguistiques propres aux locuteurs issus des classes dominantes, lien explicitement exprimé dans les premiers ouvrages parus visant à réglementer l'usage [18].

«Voici comment on définit le Bon Usage — c'est la façon de parler de la plus saine partie de la Cour, conformément à la façon d'escrire de la plus saine partie des Auteurs de ce temps» (Vaugelas, Préface aux *Remarques sur la langue française utiles à ceux qui veulent bien parler et bien escrire*, 1647, II, 3).

Si, au fil du temps, l'expression du caractère social du «bon usage» s'est faite plus prudente, la référence aux locuteurs «cultivés» n'en subsiste pas moins:

> «Celui-ci (le bon usage) peut s'établir scientifiquement si on tient compte non seulement des bons linguistes et des meilleurs dictionnaires, mais dans chaque cas du nombre et de la qualité des gens cultivés et des écrivains qui peuvent offrir leur caution dans la mesure où l'on perçoit, et c'est facile, l'importance qu'ils accordent, les uns et les autres, à la correction du langage en général» (Hanse, 1983, Préface, p. 8).

Cette norme prescrite à tous, dont on voit le caractère socialement marqué, est, comme le souligne Rey, un pseudo-système [19].

> «J'appelle cette norme prescriptive un pseudo-système, car elle se donne pour le système (qu'elle ignore en grande partie) se baptisant par exemple *le* français («il parle mal: il ne sait pas le français») ou, plus réalistement, comme une partie du système, mais évidemment la «bonne» partie, «la bonne langue», le «bon français»» (Rey, 1972, p. 17).

C'est en référence à cette variété légitime, qui se donne pour unique (le bon français) que se définit la valeur, la hiérarchie des variantes, des variétés ou des registres linguistiques (familier, relâché, soutenu...) [20].

Les prétentions de la variété légitime (son caractère pseudo-systémique) gagnent certes à être dénoncées (*cf.* Rey, 1972 et Leroy, 1975). De même, il est essentiel de souligner les fondements sociaux qui assoient le privilège de cette variété sur toutes les autres. Toutefois, s'en tenir au fait que, d'un point de vue linguistique, toutes les variétés se valent serait faire preuve d'un relativisme déplacé et méconnaître le fait social de l'imposition d'une langue légitime [21]. Ce qui est vrai d'un point de vue linguistique ne l'est pas nécessairement d'un point de vue sociolinguistique. La qualité linguistique égale des variétés et des normes objectives n'empêche pas que tous les membres d'une communauté linguistique se voient imposer, notamment par le canal de l'école, une même variété, dite légitime, qui réduit les autres variétés au rang d'écarts, d'erreurs, de régionalismes ou de «non-langue», (pas français).

Enfin, à côté des normes objectives et de la norme prescriptive (imposition d'une variété légitime), il importe d'en distinguer un troisième type, les *normes évaluatives* ou *normes subjectives*[22], objet d'investigation des sociolinguistes. Ces normes subjectives relèvent des *représentations* et des *attitudes* des locuteurs, ou encore de ce qu'une linguiste française appelle «l'imaginaire linguistique» (Houdebine,

1983). On désigne par là les jugements de valeur individuels sur la langue, la façon dont l'individu évalue les productions linguistiques d'autrui et les siennes propres[23], ainsi que les représentations qu'il se fait de différents phénomènes linguistiques.

C'est à ces normes subjectives, et aux relations qu'elles entretiennent avec le comportement linguistique que nous nous intéresserons dans les chapitres suivants.

Au-delà de l'intérêt immédiat que comporte l'étude des normes subjectives (connaître les attitudes à l'égard des variétés linguistiques), on peut penser, avec les sociolinguistes (Labov, 1976; Houdebine, 1983) qu'en progressant dans la compréhension des liens complexes qui unissent le comportement linguistique et les normes subjectives des locuteurs (comment ceux-ci se représentent-ils leur propre façon de parler et ce qu'est «bien parler», notamment), on peut espérer mieux expliquer ces deux mécanismes fondamentaux que constituent la différenciation et le changement linguistiques.

NOTES

[1] Si l'on excepte le cas de communautés extrêmement restreintes, qui vivent en autarcie et où il n'existe pas d'importante diversification sociale des rôles.
[2] A côté de ces types principaux, on peut mentionner des variations historiques, sexuelles, ethniques ou raciales et des variations selon l'âge.
[3] Dans la littérature, le terme *dialecte* est utilisé pour désigner une variété linguistique, qu'elle soit régionale ou sociale. Le terme *régiolecte* a été proposé par M.-L. Moreau (1984) pour «désigner les variétés régionales d'une même langue» (p. 78), ce qui permet d'éviter la confusion entre langues non reconnues par le pouvoir politique (wallon, béarnais, par exemple) et variétés d'une même langue (français de Belgique, de Bretagne, par exemple).
[4] *Habitus* linguistique: «Capacité d'user des possibilités offertes par la langue et d'évaluer pratiquement les occasions d'en user» (Bourdieu, 1977, p. 33).
[5] Comme l'explique Boudon (1976), la mise en évidence d'un certain nombre de déterminismes ne dispense pas de rechercher d'autres «explications» du comportement: «le point de vue déterministe et le point de vue interactionniste ne sont pas nécessairement contradictoires, mais représentent souvent deux étapes successives dans une recherche» (p. 426).

⁶ «Cette reproduction n'est pas le reflet dans l'esprit d'une réalité externe parfaitement achevée, mais un remodelage, une véritable «construction» mentale de l'objet conçu comme non séparable de l'activité symbolique d'un sujet, elle-même solidaire de son insertion dans le champ social.» (Herzlich, in Moscovici, 1972, p. 306). Cette définition offre une parenté avec la façon dont Piaget décrit le mécanisme de prise de conscience (1974, pp. 257-258).
⁷ Représentation sociale: «ce que l'on a coutume d'appeler la *connaissance de sens commun* ou encore la *pensée naturelle*, par opposition à la pensée scientifique» (Jodelet, 1984, p. 361). On parle aussi à ce propos de «théories implicites» (*idem*).
⁸ Par souci de clarté terminologique, nous restreignons l'emploi du concept «attitude» à celui de jugement (évaluation) positif ou négatif; autrement dit, nous prenons le parti de considérer ici l'attitude comme ne comportant qu'une dimension évaluative (*cf.* Osgood, 1967; Fishbein, 1967).
⁹ Pour Hymes (1972), les attitudes font partie intégrante de la compétence à communiquer («*Communicative competence*»): «*This competence, moreover, is integral with attitudes, values and motivations concerning language, its features and uses, (...)*» (pp. 277-278). «*In speaking of competence, it is especially important not to separate cognitive from affective and volitive factors, so far as the impact of theory on educational practice is concerned*» (p. 283).
¹⁰ L'histoire offre l'exemple de renversements complets de valeurs. La prononciation du mot *roi*/Rwɛ/, aujourd'hui considérée comme «paysanne» était la forme prestigieuse au XVIIᵉ siècle, avant d'être progressivement supplantée par la variante populaire/Rwa/ (Bourciez, 1974, p. 72).
¹¹ Voir Bourdieu (1979).
¹² Sur la question de la norme, voir le numéro spécial de *Langue française* consacré à la norme (1972, *16*). Voir aussi Helgorsky (1982) et Gueunier (1982).
¹³ Nous n'évoquerons pas ici le sens technique donné à la norme par certains linguistes (Coseriu, 1973; Hjemslev, 1971), pas plus que les acceptions de la norme dans d'autres disciplines, telle la psychologie sociale. Pour une définition, voir Maisonneuve (1973).
¹⁴ Ces normes sont dites objectives par opposition aux normes subjectives qui concernent, elles, non des régularités objectives, mais les évaluations subjectives des locuteurs. Dans la suite du travail, il sera très rarement fait allusion à ces normes objectives.
¹⁵ Qui pour nous ont le défaut, soit d'être absolues (*Le* bon usage, *la* norme), soit de donner à penser que seule la variété normée est standardisée ou obéit à des règles.
¹⁶ Considérée aussi comme échappant à toute norme: «Quant au français populaire, il a lui aussi ses degrés, mais il faut savoir que dans l'ensemble, il se caractérise par la spontanéité, par l'invention et la liberté, par l'absence de tout souci de norme et de distinction, sans pour cela aller jusqu'à la vulgarité» (Hanse, 1983, p. 9).
¹⁷ Le même mécanisme de prescription à partir d'une autre norme objective peut se produire dans des situations particulières.
¹⁸ Historiquement, l'unification linguistique est liée aux tentatives successives d'unification politique du territoire français.
Rappelons-en les principales étapes:
- Edit de Villers-Cotterets (1539): François Iᵉʳ préconise que toutes les opérations de justice se fassent en français.
- Fondation de l'Académie Française (1634) par Richelieu.
- Révolution française: tentative d'unification linguistique, servie par les enquêtes de l'Abbé Grégoire sur les dialectes (1790).
- 1793: une loi est votée instituant une école primaire d'Etat où l'enseignement doit se faire en français, mais cette loi reste lettre morte, faute d'enseignants compétents.
-1881-1882: les lois Jules Ferry élargissent le nombre de ceux qui apprennent à l'école à parler français (enseignement obligatoire en français).

[19] Le point de vue sur l'objet se donne pour l'objet.

[20] Sur ce rapport entre «bon usage» et «niveau de langue», voir Rey (1972) et Klinkenberg (1982). «Le classement des niveaux de langue, classement qui transparaît clairement à travers leurs dénominations, est fait au nom de normes dont la définition n'est pas précisée, dont la légitimité n'est pas soumise à la discussion, et élaboré par des instances qui ne se nomment pas» (p. 52).

[21] Sur cette question, voir Bourdieu, 1982.

[22] On parle aussi de «normes fictives» Gueunier, 1978).

[23] C'est dans ce sens que Labov emploie le mot «normes» dans sa définition de la communauté linguistique (voir infra, p. 50).

Chapitre I
Variétés, variations
et attitudes linguistiques

I. DEUX COURANTS DE RECHERCHE.

C'est à partir des années 60 que l'on voit apparaître un ensemble systématique d'études des attitudes linguistiques. Le développement de ces études est étroitement associé à l'émergence de deux nouveaux «sous-champs» scientifiques: la sociolinguistique, d'une part, la psychologie sociale du langage, d'autre part.

1. La sociolinguistique.

Aux alentours de 1964 se tiennent différentes rencontres[1] et sont publiés plusieurs ouvrages[2] où se trouve défini l'objet d'un nouveau champ de recherche: la sociolinguistique. Les textes fondateurs de la sociolinguistique inscrivent, parmi les principaux domaines à prospecter, l'étude des attitudes linguistiques.

L'un des objets de la sociolinguistique est d'évaluer:

> «La différence entre la façon dont les gens utilisent le langage et ce qu'ils imaginent sur leur comportement linguistique et celui des autres». (Bright, 1966, p. 13)[3].

> «La linguistique institutionnelle comprend l'étude des communautés linguistiques, en elles-mêmes et en contact, des variétés et des attitudes linguistiques.» (Halliday, *in* Fishman, 1968, p. 139)[4].

> «Quelles valeurs sont attribuées et transmises à propos de la langue ou des langues parlées?» (Hymes, *in* Fishman, 1968, p. 129)[5].

«La sociolinguistique se penche sur une série de problèmes: l'intervention au sein d'un petit groupe, et le fait d'appartenir à un groupe plus large, l'usage linguistique et l'attitude linguistique, les normes de langage et de comportement, les modifications subies par ces normes.» (Fishman, 1971, p. 35).

Néanmoins, ces affirmations préliminaires ne semblent pas avoir conduit à la constitution d'un vaste courant de recherche centré sur les attitudes au sein de la sociolinguistique[6].

Certes, les attitudes ont été étudiées par les sociolinguistes, notamment par Labov (1976) et Trudgill (1975); mais cette étude ne constituait ni leur seul objectif, ni sans doute leur objectif principal[7].

Les sociolinguistes ne donnent aux attitudes ni une place isolée — ils ne les étudient pas pour elles-mêmes — ni surtout une place centrale. L'étude des attitudes en sociolinguistique vient en quelque sorte compléter un tableau plus vaste, qui englobe la description des variations sociolinguistiques et une théorie du changement linguistique[8].

La plus ou moins grande importance donnée aux attitudes par les sociolinguistes et les psychologues sociaux se comprend mieux si l'on rappelle les courants théoriques auxquels s'apparentent les uns et les autres. Les psychologues sociaux (du moins ceux qui s'intéressent aux attitudes linguistiques) sont en majorité des *interactionnistes*[9]; pour eux, c'est dans l'interaction, au cours des échanges symboliques, que se construit l'ordre social, à travers des processus dans lesquels l'individu joue un rôle essentiel. Si aucune valeur objectivement déterminée ne préexiste à l'interaction, on comprend à quel point l'attitude devient importante. C'est elle, et elle seule, qui conférera à une variable ou une variation sa valeur sociale.

A l'opposé, les sociolinguistes dont nous parlerons ici (Labov, Trudgill) sont ce que l'on a appelé des *variationnistes*. Ils s'attachent en priorité à décrire les corrélations entre les comportements linguistiques au sens large et l'appartenance ou les caractéristiques sociales des locuteurs[11]. Contrairement aux *interactionnistes*, qui privilégient le point de vue de l'acteur, les *variationnistes* adoptent un point de vue objectif sur le monde social, insistant sur les déterminismes qui pèsent sur les individus et les échanges symboliques[11]. Dans cette perspective, l'attitude, comme tout autre comportement, porte l'empreinte des caractéristiques sociales des individus.

2. La psychologie sociale du langage.

A côté de la sociolinguistique s'est rapidement affirmé un autre courant qui a fait de l'étude des attitudes l'un de ses principaux objectifs. Certes, il n'a pas fallu attendre le milieu des années 70 pour que des psychologues produisent des travaux sur les attitudes linguistiques. Dès 1960, Lambert, qui sera l'inspirateur de ce courant, avait mis au point et utilisé un ensemble de techniques — dont le *locuteur masqué*[12] — destinées à étudier les attitudes.

Néanmoins, c'est à partir du milieu des années 70 que le mouvement s'est précipité et qu'un nouveau sous-champ s'est institué, partiellement en réaction contre ce qu'était alors la sociolinguistique.

Lors du premier congrès de psychologie sociale du langage, tenu à Bristol en 1979, les participants ont arrêté une liste des thèmes qui font l'objet de leur discipline :

«Acquisition du langage, communication interpersonnelle, langage et rôles sexuels, langage et classe sociale, langage et ethnies, langage et attitudes; langage, personnalité, émotivité et psychopathologie; aspects temporels du discours, bilinguisme, multilinguisme et changement de codes.» (Giles, Robinson et Smith, 1979, p. 1)[13].

On voit que ces principaux domaines sont couverts à la fois par la sociolinguistique et la psycholinguistique traditionnelles. Ce n'est donc pas par son objet d'études que la psychologie sociale du langage se distingue des autres disciplines traitant du langage; c'est dans le point de vue qu'elle adopte sur ces questions que réside sa spécificité.

Dans les actes du congrès évoqué ci-dessus, Giles, Smith et Robinson (1979), exposent les raisons qui ont poussé les psychologues sociaux à se démarquer de la sociolinguistique.

«Premièrement, la sociolinguistique a été davantage taxonomique et descriptive qu'explicative. Deuxièmement, la sociolinguistique a surtout envisagé la variation linguistique en termes d'association entre l'usage de traits spécifiques et l'appartenance à des entités sociales a-psychologiques. Troisièmement, la sociolinguistique tend à séparer le langage des définitions de la société et des situations sociales. La sociolinguistique traditionnelle ne peut pas traiter systématiquement l'idée que le comportement linguistique, loin d'être le reflet passif automatique d'une réalité sociale sous-jacente, est le produit d'individualités, activement engagées dans la construction de la réalité sociale et qui peut-être, le plus souvent, se servent du langage pour créer et diriger des situations et des impressions» (pp. 1-2)[14].

Bien que les psychologues sociaux reconnaissent l'apport de certains sociolinguistes, tels Labov et Sankoff, ils entendent se démarquer de l'option *variationniste* (dominante en sociolinguistique) et développer une perspective interactionniste sur les phénomènes linguistiques, qui se traduit par une valorisation de l'individu, de ses croyances, de ses attitudes, au sein de l'interaction[15]. Loin de considérer le langage et les attitudes linguistiques comme des produits d'une structure sociale, les psychologues sociaux vont à l'opposé mettre l'accent sur le rôle que jouent le langage et les attitudes individuelles dans la construction de la réalité sociale.

« Le comportement linguistique, outre qu'il est le produit de personnes qui sont influencées par les autres, est aussi l'un des moyens par lesquels on peut exercer de l'influence. » (p. 2)[16].

En conformité avec cette prise de position théorique, les psychologues sociaux du langage (Giles et Powesland, 1975; Giles et St Clair, 1979; Scherer et Giles, 1979; Ryan et Giles, 1982) s'attacheront donc principalement à l'étude des attitudes, plutôt qu'à celle des relations socio-linguistiques. Parallèlement à cette recherche empirique, ils élaboreront une théorie interactive de la variation linguistique, la théorie de l'accommodation (Giles et St Clair, 1979; Thackerar, Giles et Cheshire, 1982).

Cette théorie s'inscrit en faux contre les conceptions déterministes qui font du locuteur une sorte d'« automate sociolinguistique ». Théorie de l'interaction, elle veut donner à l'individu — l'individu total, avec ses sentiments, ses humeurs, ses motifs, sa loyauté — un rôle essentiel dans la négociation de l'interaction. Placé dans une situation donnée, avec un interlocuteur donné, le locuteur évalue les coûts et les profits que lui procurera tel ou tel comportement linguistique et, une fois cette évaluation effectuée, se décide à agir dans un sens ou dans l'autre. Deux possibilités s'offrent à lui :

- La convergence : on désigne par là « les processus par lesquels l'individu change son style pour se rapprocher de ceux avec qui il interagit » (Giles et Smith, 1979, p. 46);
- La divergence : elle désigne le processus inverse, changer de style pour se distinguer de ceux avec qui on interagit.

Ce modèle se fonde sur quatre théories de la psychologie sociale : les théories de la similarité-attraction, de l'échange social, de l'attribution causale et de la distinction inter-groupes.

A. La théorie similarité-attraction.

Sous sa forme la plus simple, cette théorie postule que plus des personnes sont semblables, plus elles sont attirées l'une par l'autre. La convergence, en réduisant les dissimilarités, permettrait d'augmenter l'attirance; elle correspondrait au désir de l'individu de recevoir l'approbation sociale d'autrui.

B. Les processus de l'échange social.

Cette théorie stipule qu'avant d'agir, un individu a tendance à évaluer les coûts et les profits des différentes façons d'agir et à choisir l'alternative la plus avantageuse du point de vue de l'approbation sociale.

C. *L'attribution causale*[17].

Quand nous interprétons le comportement d'autrui, nous le faisons en fonction de ses motifs et de ses intentions supposées. Ainsi, la convergence est en général appréciée et la divergence peu appréciée, mais ce jugement est influencé par la façon dont le récepteur comprend l'intention du locuteur.

D. *Les processus de distinction inter-groupes.*

Tajfel avance que quand les membres de différents groupes se rencontrent, ils se comparent sur des aspects importants à leurs yeux; cette comparaison leur permet de choisir des lignes selon lesquelles ils chercheront à se distinguer les uns (*in-group*) des autres (*out-group*).

II. L'ETUDE DES ATTITUDES LINGUISTIQUES: LA PSYCHOLOGIE SOCIALE DU LANGAGE.

C'est au début des années 60 que le psychologue canadien Lambert a mis au point la technique du *locuteur masqué*, qui allait devenir *la* technique d'étude des attitudes linguistiques.

Cette technique consiste à faire écouter à plusieurs juges des paires d'enregistrements contrastés d'un point de vue linguistique. On demande ensuite aux juges d'évaluer les locuteurs sur des échelles relatives à la personnalité ou au statut social. En réalité, les enregistrements couplés sont toujours le fait d'un seul locuteur parfaitement bilingue.

Comme, pour chaque contraste évalué, le locuteur est unique, on postule que les différences de jugement reflètent des différences d'évaluation entre les deux variétés linguistiques concernées. La technique permet donc un contrôle expérimental des variables qui ne font pas l'objet de l'évaluation (le timbre de voix notamment).

Lambert (1967) affirme que cette technique indirecte d'évaluation des attitudes permet d'obtenir des résultats plus valides que la méthode directe par questionnaire.

«Elle fait apparaître les réactions personnelles des juges envers les groupes contrastés, davantage que les questionnaires directs d'attitudes» (p. 215)[18].

A l'actif de cette méthode, il faut préciser que les sujets interrogés semblent en général[19] ne pas se rendre compte du fait que les enregistrements couplés sont produits par un même locuteur.

Initialement utilisée dans le contexte québécois, pour dresser un tableau des attitudes des Canadiens anglophones et francophones, la méthode du *locuteur masqué* a ensuite été appliquée à une multitude d'autres contextes linguistiques. Dans un certain nombre de cas, comme au Québec, les variétés linguistiques à évaluer étaient des langues. Dans d'autres, ce furent des dialectes[20] (standard / non standard), et surtout des réalisations contrastées du point de vue de l'accent: accent légitime *vs* accent régional (par exemple, anglais «BBC» *vs* accent de Birmingham) ou encore accent autochtone *vs* accent «étranger» (par exemple, anglais *vs* anglais parlé avec un accent espagnol).

Sauf dans des cas rarissimes, conçus le plus souvent à fin de validation externe, les épreuves utilisant le *locuteur masqué* portent sur des échantillons verbaux construits pour les fins de l'expérience et ne divergeant que par les seuls traits qui font l'objet de l'évaluation. Il s'agit le plus souvent de textes lus[21].

Il n'est pas inutile sans doute de préciser en quoi ce genre d'études est axé sur le *social*.

Contrairement à ce qui se passe avec les études de sociolinguistique (Labov, Trudgill), ou de sociologie appliquée au langage (Bourdieu), le caractère social des attitudes linguistiques étudiées par les psychologues sociaux ne réside pas dans le lien entre les caractéristiques sociales des juges (classe sociale, éducation, sexe...) et leurs attitudes linguistiques; le mot social renvoie dans ce cas au fait que les variétés linguistiques en présence sont perçues différemment sur un certain nombre de dimensions concernant le social ou la sociabilité au sens large (traits de personnalité le plus souvent, parfois statut social). La personnalité sociale du *juge* fait rarement ici l'objet d'une attention ou d'un traitement particulier; la preuve en est que dans la plupart des travaux, on s'est rarement préoccupé de diversifier les caractéristiques des juges, qui sont en majorité étudiants et, la plupart, futurs psychologues.

Dans les pages qui suivent, nous passerons en revue un certain nombre d'études utilisant la technique du *locuteur masqué*. Ces études, comme nous l'avons déjà dit, sont extrêmement nombreuses; une sélection s'imposait donc. Depuis que Lambert a jeté les fondements de l'étude des attitudes linguistiques, le paradigme de recherche ne s'est guère enrichi; selon nous, il se serait même plutôt appauvri. La multiplication des études ne correspond, en réalité, ni à un approfondissement théorique, ni à une amélioration des méthodes de recherche; c'est au contraire à une multiplication extensive que l'on assiste, la technique se voyant appliquer à nombre de contextes linguistiques différents.

Plutôt que de rendre compte de cet essaimage géographique des recherches, plutôt que de privilégier les recherches les plus récentes qui, à notre sens, sont loin d'être les plus intéressantes, nous avons préféré retenir:

1. les recherches de base qui ont établi les premières les dimensions du paradigme: échelles «type», principaux facteurs;
2. les recherches qui aboutissent à des résultats divergeant des recherches «modèles» (notamment celles de Lambert), qui l'enrichissent, ou présentent une dimension critique.

Après cette présentation sélective, on dressera une synthèse des principales critiques dont cette méthode a été l'objet.

1. Les études fondatrices de Wallace Lambert.

En 1960, une première recherche a été menée à Montréal en vue de déterminer quelles étaient les attitudes des anglophones et des francophones à l'égard de l'anglais et du français. La technique du *locuteur masqué* y est utilisée de la façon suivante: un passage est lu dans les deux langues par quatre locuteurs parfaitement bilingues. A ces huit passages (4 × 2) sont ajoutées deux voix de remplissage et il est demandé aux sujets d'évaluer les différents locuteurs sur quatorze échelles à six degrés. L'expérience leur a été présentée comme une tentative pour objectiver dans quelle mesure on peut juger des personnes d'après leur voix; durant l'expérience, les juges ont le texte du passage lu sous les yeux.

Les échelles, qui vont de «très peu» à «beaucoup» portent sur les traits suivants: *taille, attrait physique, aptitude à diriger, sens de l'humour, intelligence, religiosité, confiance en soi, fiabilité, jovialité, bonté, ambition, sociabilité, caractère et sympathie.*

L'échantillon comporte:

- 64 anglophones étudiant(e)s (moitié filles / moitié garçons) en première année universitaire de psychologie (moyenne d'âge: 18,8 ans);

- 66 francophones (tous de sexe masculin) fréquentant un collège français classique à Montréal (moyenne d'âge : 18,2 ans).

Chacun des deux groupes reçoit les consignes de l'expérience dans sa langue maternelle.

L'expérience fait apparaître que, conformément aux prédictions, les juges anglophones évaluent plus favorablement les locuteurs anglophones de façon significative — sur sept des échelles : *taille, attrait physique, intelligence, fiabilité, bonté, ambition, caractère*. Les francophones ne sont évalués plus favorablement que pour le sens de l'humour.

A côté de cela, on trouve un résultat plus surprenant : les juges francophones évaluent aussi plus favorablement les locuteurs anglophones pour une majorité de traits (*taille, attrait physique, aptitude à diriger, intelligence, confiance en soi, fiabilité, ambition, sociabilité, caractère et sympathie*). Les francophones se retrouvent mieux placés que les anglophones pour deux aspects seulement : la bonté et la religiosité.

En outre, si l'on compare les jugements émis par les anglophones et les francophones, on constate que les anglophones évaluent les francophones plus favorablement que ceux-ci ne s'évaluent eux-mêmes sur neuf des quatorze échelles (*attrait, aptitude à diriger, sens de l'humour, intelligence, confiance en soi, fiabilité, ambition, sociabilité et caractère*).

Pour Lambert, l'expérience semble montrer que, dans une communauté où domine un groupe linguistique, les membres de la minorité linguistique ont tendance à reproduire les stéréotypes des membres de la majorité. Dans ses conclusions, l'auteur souligne toutefois la nécessité de poursuivre plus avant les recherches pour confirmer cette interprétation.

2. Les continuateurs.

En 1963, Preston reprend la même technique et pousse l'enquête plus loin. Il s'interroge notamment sur le rôle que joue le sexe (sexe du locuteur et sexe du juge) dans l'évaluation, et sur les différences de réactions à l'égard du français québécois et du français de France.

Participent à l'expérience 80 anglophones canadiens et 92 francophones de première année du collège à Montréal (moitié hommes, moitié femmes). Les traits à évaluer sont en gros les mêmes que dans l'étude initiale. Pour l'interprétation, ils ont été regroupés en trois catégories distinctes :

- compétence : *intelligence — ambition — confiance en soi — aptitude à diriger — courage*;
- intégrité personnelle : *fiabilité — sincérité — force de la personnalité — personnalité consciencieuse — bonté*;
- attrait social : *sociabilité — sympathie — caractère accueillant — sens de l'humour — affection*.

L'étude met en évidence l'importance de la variable sexe dans le domaine des attitudes : en effet, d'une part, les locuteurs masculins et féminins sont évalués différemment, d'autre part, les juges masculins et féminins rendent des jugements différents. Ainsi, par exemple, les anglophones voient les femmes francophones sous un jour plus favorable que leurs homologues masculins. Ces derniers sont perçus comme manquant d'intégrité personnelle et comme moins attirants socialement par les juges anglophones masculins, et, plus encore, par les juges anglophones féminins. En général, les locuteurs parlant le français de France sont mieux perçus que les francophones canadiens.

De leur côté, les juges francophones évaluent plus favorablement les francophones de France, et moins favorablement les francophones canadiens que ne le font les anglophones. En général, les francophones se perçoivent moins favorablement qu'ils ne perçoivent les anglophones et les Français de France.

De cette étude, on retiendra qu'elle souligne l'importance de la variable «sexe» pour l'étude des attitudes, qu'elle fait l'hypothèse de l'existence de trois facteurs (compétence, intégrité personnelle, attrait social) et enfin, qu'elle confirme que les membres d'une communauté linguistique dominée semblent partager la vision des dominants et ont même tendance à se «classer» moins bien que ne les classent les dominants eux-mêmes.

Dans la suite, plusieurs études ont repris les échelles utilisées par Lambert et les ont appliquées à diverses situations, en fondant souvent leur analyse sur les trois dimensions proposées par Preston (1963).

Ainsi, Cheyne (1970), en vue de saisir les réactions stéréotypées à l'égard de locuteurs parlant avec des accents écossais et anglais, soumet à un échantillon de 110 Ecossais de Glasgow (57 hommes, 53 femmes) et de 59 Anglais de Londres (26 hommes, 33 femmes) un passage lu par quatre étudiants (2 hommes, 2 femmes) en art dramatique, alternativement avec un accent anglais et un accent écossais. Les juges doivent évaluer les voix sur vingt échelles relatives à la personnalité (issues d'une étude antérieure de Lambert) et sur une échelle de statut socio-professionnel.

L'étude fait apparaître une tendance analogue à celle des travaux de Lambert: en moyenne, les Anglais et les Ecossais évaluent plus favorablement les locuteurs parlant avec un accent anglais. Toutefois, cette évaluation plus favorable concerne essentiellement les traits de personnalité liés au statut, à la compétence (*prestige, santé, intelligence, statut social, ambition, aptitude à diriger, confiance en soi*). Sur d'autres échelles, les Ecossais placent les locuteurs s'exprimant avec un accent écossais plus haut, suggérant qu'ils ont une personnalité plus chaleureuse (*amitié — sens de l'humour — générosité — sympathie — gentillesse.*)

Dans une autre étude, Giles (1971) fait de même apparaître une perception différenciée de plusieurs accents anglais, suivant que les échelles portent plutôt sur la compétence, l'intégrité personnelle ou l'attrait social.

Deux locuteurs lisent un passage de deux minutes avec trois accents : l'accent R.P.[22], l'accent sud-écossais, et l'accent du Somerset. Nonante-six sujets (moitié hommes, moitié femmes), venant des deux régions (Sud-Ecosse et Somerset), et constituant deux groupes d'âge (douze ans, dix-sept ans), sont invités à évaluer les locuteurs sur dix-huit échelles bipolaires.

Sur six échelles, dont cinq relatives à la compétence (*attrait physique, ambition, intelligence, confiance en soi, détermination, esprit d'entreprise*), l'accent R.P. est évalué plus favorablement que les deux accents régionaux. A l'opposé, pour quatre échelles liées à l'intégrité personnelle et à l'attrait social (*sérieux, loquacité, «bonne nature», sens de l'humour*), ce sont les accents régionaux qui «surpassent» l'accent R.P. L'auteur voit dans cette différence d'évaluation le signe d'une «loyauté» (*accent loyalty*) des locuteurs s'exprimant avec un accent non prestigieux envers leur propre accent.

Ces deux dernières études suggèrent donc que l'évaluation des variétés linguistiques pourrait reposer sur différentes dimensions. Certaines variétés seraient perçues comme socialement plus prestigieuses, d'autres comme humainement plus attirantes. On peut toutefois regretter que le regroupement des traits en ensembles (compétence — intégrité personnelle — attrait social) ne soit généralement fourni qu'après coup[23] et que ce regroupement n'ait pas fait l'objet d'un traitement statistique approprié (corrélations, ou, mieux, analyse factorielle)[24].

En outre, si l'on constate une certaine convergence d'une étude à l'autre dans le choix des échelles, on peut cependant noter des différences dans les adjectifs qui composent les fameuses trois dimensions.

Par exemple, Edwards (1979), dans son étude des réactions aux accents régionaux irlandais, n'utilise que neuf échelles comprenant des items «représentatifs»[25] des trois catégories de Lambert. Il interprète néanmoins les résultats sur la base de trois dimensions — compétence, intégrité personnelle, attrait social, comme l'avait fait Giles, avec dix-huit échelles où ne figuraient pas certains des traits retenus par Edwards[26].

Dans de telles conditions, il n'est guère étonnant que les résultats paraissent à ce point convergents[27]. Sans rejeter l'idée d'une possible convergence des faits, on peut regretter que les bases de la comparaison soient peu solides.

3. Des critiques et des réponses aux critiques.

A. *Une évaluation dans un contexte non défini.*

Les études fondées sur le schéma que nous venons de présenter ont fait l'objet de différentes critiques, que nous allons maintenant évoquer, en envisageant les réponses qu'on y a apportées et la manière dont on a ajusté la technique suite à ces critiques.

On reproche principalement aux études par *locuteur masqué* que la recherche des attitudes s'effectue de façon désincarnée, sans qu'aucun contexte ne soit précisé. Comme le souligne Giles (1982) lui-même (grand utilisateur de cette technique), les locuteurs sont trop souvent présentés comme des êtres de sexe masculin, anonymes, sans aucune référence à leurs caractéristiques sociales ou psychologiques. Par ailleurs, l'évaluation des locuteurs et, à travers eux, des variétés, se déroule dans un vide social, sans référence à aucune situation de communication précise. Cette démarche présuppose en fait «que chaque population ou sous-population se caractérise ou est identifiable par une seule variété» (Agheyisi et Fishman, 1970, p. 146). Selon Fishman, c'est là méconnaître le fait bien établi du changement de code selon les contextes (famille, école, église, etc.). En outre, la démarche revient à considérer qu'il existe des attitudes fixes, stables, que n'affecte pas la situation.

Ceci a conduit des chercheurs à assortir l'investigation des attitudes de considérations contextuelles. Il en va ainsi d'une étude de Carranza et Ryan (1975), qui porte sur les réactions d'adolescents américains bilingues anglais-espagnol envers des locuteurs anglophones et hispanophones.

Quarante-deux Anglo-Américains (moyenne d'âge : 16,1 ans) et quarante-deux Mexicano-Américains (moyenne d'âge : 15,6 ans) sont invités à évaluer deux récits lus par seize locuteurs différents en anglais et en espagnol. Un premier récit porte sur un thème traitant de la *maison*, le second sur un thème scolaire. Chacun des deux récits doit être évalué sur quinze échelles relatives au statut (*éduqué, intelligent, riche, réussit bien*) à la solidarité (*amical, bon, gentil, sincère*) et, pour compléter le schéma des trois facteurs d'Osgood[28], des échelles relatives à l'activité et à la puissance (*brave, individualiste, fort, actif, agressif, athlétique, énergique*).

L'analyse fait apparaître des résultats significativement différents suivant le contexte envisagé. Ainsi, l'anglais, en moyenne, est mieux placé que l'espagnol, mais l'espagnol l'emporte dans le contexte *maison*. En outre, la différence en faveur de l'anglais est plus nette pour les échelles relatives au statut que pour celles relatives à la solidarité.

L'analyse factorielle[29] confirme l'existence des trois facteurs que les auteurs avaient avancés à titre d'hypothèse : statut, solidarité et activité / puissance.

Une analyse de la variance montre que dans le contexte *maison*, l'anglais est évalué moins favorablement que l'espagnol sur les facteurs *puissance / activité* et *solidarité*, mais plus favorablement sur le facteur *statut*. Dans le contexte *école*, l'anglais est mieux placé que l'espagnol sur les trois facteurs.

Outre la confirmation, par analyse factorielle, de l'existence des deux dimensions distinctes dans l'évaluation (*statut / solidarité*)[30], l'étude met en évidence l'importance du contexte dans la recherche sur les attitudes linguistiques. Comme le soulignent pertinemment les auteurs «si le contexte avait été ignoré, les résultats auraient indiqué une préférence unilatérale pour l'anglais» (1975, p. 99)[31].

Une autre étude, menée par Taylor et Clement (1974) au Québec, s'efforce de saisir la façon dont est perçue l'adéquation du style de discours selon la classe sociale et selon le contexte. On fait écouter aux juges (125 étudiants canadiens francophones) des enregistrements réalisés par un seul locuteur, mais présentés comme produits par un mécanicien (*lower-class*) et par un homme de loi (*law executive* = middle-class[32]. Chacun de ces deux pseudo-locuteurs discute le thème «mon travail» en trois styles différents : style standard (celui parlé à la radio française), familier (celui des conversations courantes entre pairs) et joual (dialecte populaire). Après écoute des enregistrements, les juges sont invités à indiquer, sur des échelles bipolaires à quinze degrés, quelle probabilité eux-mêmes, les membres de la *lower-class* (représentés par le mécanicien) et ceux de la *middle-class* (représentés par l'homme de loi) ont d'utiliser l'un des styles (standard — familier — joual) dans trois types de situation (formelle — semi-formelle — informelle).

L'analyse montre que les styles sont perçus comme distinctement appropriés pour les diverses situations. En ce qui concerne leur propre usage, les étudiants (*middle-class*) indiquent que, dans une situation formelle, ils utiliseront plutôt le style standard, dans des situations semi-formelles et informelles, un style familier plutôt qu'un style standard et surtout que le joual.

Dans la situation formelle, ils pensent qu'on entendra sans doute les membres de la *lower-class* et de la *middle-class* utiliser un style standard. Dans les situations semi-formelles, les juges estiment que les membres de la *middle-class* et de la *lower-class* utiliseront plutôt un style familier ou le joual qu'un style standard. De même, dans les situations informelles, la probabilité est plus grande de voir utiliser un style familier ou le joual qu'un style standard.

L'expérience montre donc que les sujets (étudiants *middle-class*) ont des opinions assez tranchées sur l'utilisation d'un type de discours dans certains types de situations. En outre, leurs prédictions se révèlent différentes selon qu'il s'agit de leur propre discours ou de celui de personnes issues de la *lower-class* ou de la *middle-class*.

Une fois de plus, l'étude met en évidence à quel point le contexte est essentiel dans le domaine des évaluations linguistiques.

Avec l'étude de Taylor et Clement (1974), nous quittons progressivement le domaine des attitudes liées aux variétés linguistiques en elles-mêmes pour nous rapprocher des réactions liées aux changements de variétés que peut effectuer un locuteur en fonction du contexte d'énonciation.

Plusieurs chercheurs se sont en effet penchés sur les effets que produisent de tels changements de code sur les récepteurs et ont, à cette occasion, développé une théorie de la variation linguistique, intitulée théorie de l'accommodation[33].

Bourhis, Giles et Lambert (1975) se sont livrés à une telle enquête dans deux communautés linguistiques distinctes: au Québec et en Ecosse. Dans chacune des deux communautés, on trouve une hiérarchie des styles qui va du plus formel (dans les deux cas, c'est en fait un modèle «étranger»: français de France au Québec et accent BBC en Ecosse) au moins formel (québécois familier — accent écossais fort) en passant par un style intermédiaire (québécois formel — accent écossais faible). Les auteurs se sont demandé quelles répercussions aurait le changement de style sur les attitudes vis-à-vis des locuteurs. Dans les deux cas, ils ont imaginé une scène où une personne — un sportif (dans un cas c'est une femme, dans l'autre un homme) change de style au cours d'une interview menée par une personne du sexe opposé. Chacune des interviews se déroule dans deux contextes différents :

1) avec un intervieweur français ou anglais (étranger);
2) avec un intervieweur québécois ou écossais (pair).

La première expérience comprend 211 étudiants francophones québécois (âge moyen = 17 ans), la seconde 72 sujets écossais (deux groupes d'âges — 12-13 ans et 17-18 ans). Après écoute des interviews, on demande aux juges d'évaluer les locuteurs sur différentes échelles de personnalité (*intelligence, détermination, éducation, sincérité, moquerie, ambition, générosité, fierté, flexibilité, indépendance, ironie, humour, confiance en soi, loyauté*).

En outre, on demande aux sujets d'indiquer s'ils ont perçu un changement de style en cours d'interview, dans quel sens, et si eux-mêmes, dans la même situation, auraient agi de la sorte.

Les situations expérimentales sont au nombre de trois :
- une situation où le locuteur ne change pas de style en fonction de l'intervieweur;
- une situation où le locuteur utilise un style plus formel (français, anglais légitimes) en présence de l'intervieweur français ou anglais;
- une situation où le locuteur utilise un style plus informel (québécois informel, fort accent écossais) en présence de l'intervieweur français ou anglais).

Dans l'expérience québécoise, le sportif est perçu comme plus intelligent et mieux éduqué lorsqu'il utilise le français de France en présence de l'intervieweur français que lorsqu'il n'effectue pas de changement. Si au contraire, il modifie son style dans un sens informel, il est perçu comme moins intelligent et moins bien éduqué. A côté de cela, on n'observe aucune différence significative selon la condition sur toutes les échelles «affectives».

Soixante-cinq pour cent des sujets ont effectivement perçu le changement de style dans le sens voulu par les constructeurs de l'épreuve. C'est le changement vers le français de France qui est le mieux repéré (par 89 % des sujets); le changement inverse n'est perçu que par 57 % des sujets et l'absence de changement n'est reconnue que dans 48 % des cas; à ce propos 73 % des erreurs enregistrées consistent à identifier un passage au français de France. Il semble que les juges s'attendaient à voir se produire ce genre de «conversion» et qu'ils évaluent le discours en fonction de leurs attentes.

Quand on demande aux juges s'ils auraient agi de même, 86 % de ceux qui ont perçu le passage au français de France affirment qu'eux-mêmes ne se seraient pas comportés ainsi, afin de ne pas perdre leur identité québécoise (94 % avancent cette raison). Dans la condition sans changement, en revanche, 63 % des sujets déclarent qu'ils auraient répondu de la même façon. Enfin, dans le cas du passage au québécois informel, 67 % des sujets rejettent le comportement de l'athlète, réticents à l'idée d'affirmer si nettement leur identité dans une telle situation.

Les résultats de l'expérience écossaise ne sont pas réellement comparables, à cause de l'existence de deux groupes d'âge, qui se comportent différemment. Néanmoins, on peut signaler à titre indicatif les points de ressemblance et de divergence avec l'expérience québécoise. C'est ainsi qu'on observe une tendance identique sur l'échelle *intelligence*. D'un autre côté, le passage du sportif à un style plus formel (BBC) fait qu'il est perçu comme moins loyal et moins «bon» que quand il ne change pas de style[34]; si, à l'opposé, en présence de l'intervieweur «étranger», il passe à un style moins formel (accent écossais fort), il est alors perçu comme plus loyal et meilleur.

En termes plus généraux, les auteurs soulignent dans leurs conclusions que la convergence vers le haut[35] est perçue comme un signe d'intelligence. Selon eux, cette découverte confirme les affirmations de Giles, Taylor, et Bourhis (1973), selon lesquelles «l'accommodation est une stratégie employée par le locuteur pour obtenir l'approbation sociale du récepteur sur certaines dimensions liées à la situation» (p. 68).

A l'opposé, la divergence dans la parole peut être vue comme l'une de ces stratégies destinées à distinguer le locuteur et son groupe d'appartenance de l'interlocuteur[36].

Plusieurs psychologues sociaux du langage se sont attachés à valider la théorie de l'accommodation en établissant notamment l'existence de phénomènes de convergence (Giles, Taylor et Bourhis, 1973, notamment) et les valeurs associées aux phénomènes de convergence et de divergence (voir ci-dessus).

Ces faits établis, ils se sont interrogés sur ce que serait un niveau optimal de convergence. Une expérience (Giles et Smith, 1979) a été mise sur pied, fondée sur le schéma suivant : un même locuteur canadien anglophone a enregistré huit versions d'un même texte, destiné à être lu à un public d'Anglais, versions distinctes par leur degré de convergence avec ce public. Les possibilités de convergence concernent trois niveaux : l'accent — le débit — le contenu. La première version est non convergente, les sept autres versions convergent soit à un point de vue (trois versions), soit à deux points de vue (trois versions), soit à tous les points de vue.

Les huit versions sont soumises à un public de vingt-huit maîtres anglais (moitié hommes, moitié femmes) qui sont invités à les évaluer sur des échelles à neuf degrés concernant les points suivants :
- efficacité de la communication;
- effort d'adaptation au public;
- désir du juge de collaborer avec le locuteur à l'avenir;
- à quel point le locuteur a-t-il une vue flatteuse de son public?
- caractère sympathique du locuteur.

La situation estimée la plus favorable par les juges est celle où le locuteur converge pour le débit (c'est-à-dire le ralentit) et pour le contenu (explicitation), mais pas pour la prononciation. Dans l'ordre, c'est le ralentissement du débit qui conduit aux appréciations les plus favorables, devant l'explicitation du contenu.

L'addition à la convergence « débit » et « contenu » d'une convergence de prononciation, non seulement ne conduit pas à rendre les appréciations plus favorables, mais entraîne au contraire des jugements moins favorables. Sans doute, cette accommodation est-elle perçue par les juges comme un signe de paternalisme ou de condescendance[37].

Il ressort de l'étude que la convergence et l'attirance ne sont pas dans une relation linéaire, dès lors que la formule la plus attirante (convergence pour le débit et le contenu) n'est pas la plus convergente. Apparaît dès lors la nécessité d'une distinction entre l'intention du locuteur (converger, pour un maximum de profit social) et son comportement linguistique (convergence sur certains points, divergence sur d'autres).

B. Des productions linguistiques artificielles.

Une autre critique, formulée à plusieurs reprises (Lee, 1971; Ryan et Carranza, 1975), concerne le caractère artificiel des échantillons de langage qui servent de base à l'évaluation. Comme le suggère Lee

(1971), la répétition d'un même texte (parfois plus de dix fois) peut engendrer une focalisation «anormale» des juges sur les phénomènes phonétiques. Dans des circonstances plus naturelles, où le discours porte sur des contenus variés, on prêterait moins attention aux aspects phonétiques du discours.

Par ailleurs, la plupart des échantillons enregistrés sont en fait des textes *lus* (Lee, 1971); or la lecture est un comportement spécifique et il serait hasardeux d'inférer des évaluations portées sur des textes lus à l'ensemble des comportements linguistiques possibles.

Dans un article portant sur les attitudes liées à la variation linguistique en Ecosse, Romaine (1980) s'est attachée à la recherche de différences d'évaluation envers des échantillons de langage constitués de conversations et d'autres consistant en lecture de textes. Les enregistrements (conversation et lecture), recueillis auprès de six locuteurs (quatre hommes, deux femmes) ont été soumis à dix juges, selon la formule du *locuteur masqué*, et les juges ont été invités à évaluer les locuteurs sur vingt échelles.

Deux éléments intéressants pour notre propos se dégagent de l'étude:

1. Les locuteurs sont, en général, évalués moins favorablement pour la conversation que pour la lecture. Cette différence s'explique sans doute par deux phénomènes distincts:
- des différences linguistiques se manifestent entre les deux types d'échantillons;
- les attentes des récepteurs sont plus fortes pour la lecture, et ils ont peut-être tendance à y projeter ce qu'ils s'attendent à y entendre..

2. En dépit de ces différences d'évaluation entre lecture et conversation, l'étude, qui porte — soulignons-le — sur des échantillons *spontanés* produits par plusieurs locuteurs, fait apparaître des résultats comparables à ceux des études exposées ci-avant. Le locuteur s'exprimant avec un accent BBC (*received prononciation*) est moins bien évalué pour les traits de personnalité que ceux qui parlent avec un accent écossais, mais est mieux perçu que les autres quant au statut, surtout lors de la lecture. Il semble donc, bien que les résultats ne soient pas suffisamment détaillés pour qu'on puisse en retirer des enseignements solides, que lorsqu'on utilise des échantillons constitués de conversations spontanées, on observe — avec sans doute un décalage «vers le bas» — des tendances analogues à celles qui apparaissent à propos de textes lus.

D'Anglejan et Tucker (1973) ont étudié au Québec l'évaluation de conversations *spontanées* enregistrées auprès de quatre Montréalais issus des classes aisées, quatre Montréalais de classe sociale peu élevée et quatre Français. Le groupe des juges (n = 243) comprend, en proportions égales, des maîtres, des étudiants issus de classes sociales peu favorisées et des ouvriers. Ils sont invités à évaluer les locuteurs sur des échelles à sept degrés touchant à la personnalité et au statut social[38].

Les résultats montrent que tous les juges placent les Européens plus haut que les Montréalais, que ceux-ci soient de classe élevée ou basse, sur l'échelle d'occupation professionnelle. Une même tendance est observée pour les cinq traits de personnalité : *intelligent, éduqué, ambitieux, sympathique et fort.*

L'enquête fait donc apparaître que les Montréalais francophones ont de leur propre communauté linguistique une image peu élevée, où dominent des sentiments d'aliénation et d'insécurité linguistiques. Ce résultat, obtenu à partir de conversations spontanées, va tout à fait dans le même sens que l'étude plus ancienne, menée par Lambert (1960) à partir d'échantillons lus[39].

Il paraît dès lors que Lee (1971) s'était sans doute montré trop sévère lorsqu'il soutenait que les attitudes attachées à un texte lu n'étaient représentatives que d'elles-mêmes.

En ce qui concerne le biais que pourrait entraîner dans l'évaluation (focalisation sur la forme) l'utilisation répétée d'un même texte, Giles (1973), dans sa réponse à Lee, estime que certaines recherches (Giles, Baker et Fielding, 1975), menées à partir d'un seul et unique enregistrement, ont fait émerger des tendances comparables à celles des études utilisant de multiples fois le même contenu.

Par exemple, Giles, Baker et Fielding (1975) ont conçu le scénario de recherche suivant. Deux groupes de vingt-huit sujets (juges) sont constitués. Chacun des deux groupes pris séparément va entendre un homme leur parler de la psychologie, dans un cas avec un accent BBC, dans l'autre avec un accent de Birmingham. Quand le locuteur a terminé son discours, il quitte la salle et les sujets sont invités, dans un premier temps, à écrire ce qu'ils pensent de la psychologie. Dans un second temps, une femme, présente dès le début de l'expérience, leur annonce qu'elle souhaiterait connaître si le locuteur convient bien pour ce genre de travail de présentation et leur demande, à cette fin, d'écrire leurs impressions. Dans un troisième temps, les juges sont invités à évaluer le locuteur sur une série d'échelles «classiques» (*généreux, sociable, sympathique, ...*). Les mesures dépendantes sont donc de deux types: échelles d'évaluation et, en ce qui concerne les textes produits, longueur en nombre de mots[40].

Les résultats vont dans le sens escompté par les auteurs: les juges écrivent des textes plus longs tant sur la psychologie que sur le présentateur quand ce dernier s'est adressé à eux avec un accent légitime (BBC). Sur les échelles d'évaluation, seul le trait *intelligence* distingue significativement les deux accents (au bénéfice de l'accent légitime). Peut-être le fait que le locuteur ait, dans le présent cas, une identité sociale (psychologue) explique-t-il l'absence de différences significatives sur les autres échelles. Mais il est impossible de distinguer cet effet de l'action d'autres variables, notamment de la présence physique du locuteur à évaluer.

Quoi qu'il en soit, Giles (1973), dans sa réponse à Lee, avance que les résultats de cette étude «prouvent que le doute ne peut être jeté sur la validité des études précédentes utilisant des procédures où le contenu est contrôlé et le stimulus répété»[41] (p. 338). En d'autres termes, Giles estime que les résultats du type d'épreuves résumées ci-dessus sont suffisamment proches de ceux des études avec contenu contrôlé et répété pour valider ces dernières.

Dans le présent cas, notre sentiment est que les bases de la comparaison sont un peu faibles et l'analogie observée un peu trop générale pour oser parler de validation: il existe certes une analogie (perception moins favorable du locuteur lorsqu'il s'exprime avec un accent non légitime), mais les mesures dépendantes sont de deux types différents (la longueur du texte n'a pas servi dans les études à contenus répétés) et sur les mesures qui sont comparables — échelles d'évaluation — les résultats des études à contenu répété ne sont que très partiellement confirmés, sans que l'on puisse, étant donné le schéma expérimental, décider quel élément (présence physique du locuteur — locuteur doté d'une identité sociale — absence de répétition du contenu — distribution des échelles en fin d'expérience et non avant l'écoute des enregistrements, comme c'est généralement le cas) est responsable de la divergence des résultats; la critique de Lee (lassitude et focalisation sur la phonétique) nous paraît donc conserver jusqu'ici toute sa pertinence.

C. *Le statut social des juges; validité et fidélité.*

Enfin, nous évoquerons brièvement deux dernières critiques faites par Lee (1971) aux études portant sur la perception des variétés linguistiques[42].

1. « Mises à part les études de L.S. Harms et W. Labov, le statut du récepteur a été ignoré dans l'analyse des résultats » (p. 415)[43]. Cette critique est en grande partie fondée. Il est vrai que beaucoup d'études — une majorité — ont pris comme juges des étudiants, souvent de niveau universitaire et que, dans leurs conclusions, peu de chercheurs se montrent soucieux de relativiser la portée de leurs résultats. Ce n'est toutefois pas le cas de Lambert qui s'est intéressé au statut social des juges (Lambert, Franckel et Tucker, 1966, voir plus loin) et qui se montre toujours très prudent quant à la généralisabilité de ses résultats, ni de Preston (1963) qui a étudié l'effet du sexe sur les attitudes. En outre, cette tendance à négliger le statut des récepteurs a été en diminuant après 1971. Ainsi, quelques-unes des études résumées ici traitent les différences selon le statut[44], même si leur objectif premier n'est pas d'étudier la covariation des attitudes et du statut social des juges.

2. « Les échelles ne sont pas accompagnées de mesure de validité et de fidélité. Aucune n'est étayée par des données test-retest ou des mesures de fidélité inter-juges » (p. 413)[45].

Ce reproche est également fondé si l'on envisage la majorité des études. On peut cependant reprocher à Lee le caractère abrupt de ses critiques; s'il avait mieux lu le texte de base de Lambert, *A social psychology of bilingualism* (1967), il y aurait constaté que des procédures test-retest ont bien été appliquées à la technique du *locuteur masqué*. La fidélité mesurée de la sorte se révèle assez faible; Lambert en commente ainsi les résultats:

« Nous croyons que ce manque de fidélité est dû en grande partie au principal test statistique utilisé, la différence entre le jugement émis par un individu sur un seul trait à propos de deux textes. Les scores de différences donnent des coefficients de fidélité test-retest notoirement bas, bien que leur utilisation pour comparer des moyennes soit parfaitement appropriée » (p. 215)[46].

La remarque de Lambert est parfaitement fondée. En effet, les scores de différences donnent toujours des coefficients de fidélité assez faibles, puisque se combine dans le score de différence la variance d'erreur propre aux deux scores de départ.

S'il est exact que nombre de psychologues sociaux travaillant sur les attitudes et la perception des dialectes se sont peu préoccupés des qualités psychométriques de leurs tests, les critiques de Lee à ce propos manquent de précision à divers égards et se révèlent dès lors peu convaincantes.

4. Les grands axes et les problèmes que soulève l'évaluation des variables linguistiques.

La présentation successive des différentes études a pu donner une impression d'éparpillement. Aussi nous paraît-il utile d'en synthétiser brièvement les caractéristiques.

La plupart des recherches, on l'a vu, utilisent la technique du *locuteur masqué*, qui permet un contrôle rigoureux des variables parasites. Dans la majorité des cas, les attitudes vis-à-vis des variétés linguistiques sont inférées des évaluations portées sur les locuteurs s'exprimant dans ces variétés. Ces évaluations concernent deux aspects principaux: la personnalité et le statut social du locuteur. L'objectif premier de ce type d'études ne réside pas dans la recherche de covariations entre attitudes linguistiques et caractéristiques sociales des juges, bien que certaines recherches l'envisagent. Mais elles se limitent généralement à constater cette covariation sans chercher à en rendre compte par une théorie sociolinguistique ou sociologique.

Menées dans des contextes parfois très différents, les recherches ont cependant conduit à l'émergence de quelques constantes. Ainsi, dans des situations caractérisées par la coexistence de plusieurs variétés linguistiques (plusieurs langues, plusieurs dialectes, plusieurs accents), il apparaît que les variétés font généralement l'objet d'attitudes différenciées : certaines variétés sont vues comme plus prestigieuses et leurs locuteurs comme dotés de plus grandes qualités sociales, culturelles et personnelles. Les auteurs de ces recherches, préoccupés avant tout des attitudes et de l'interaction sociale, ne s'attachent toutefois pas à analyser les raisons objectives (historiques et sociales) de l'existence d'une telle domination. Ils n'emploient d'ailleurs pas le terme de «domination» mais envisagent plutôt les effets individuels de cette domination (sentiment d'insécurité).

Dans certains cas, et notamment au Québec (cf Lambert, 1960; Preston, 1963; D'Anglejan et Tucker, 1973), les membres des deux communautés linguistiques en présence semblent partager les mêmes attitudes vis-à-vis des deux langues en présence. La domination d'une langue sur l'autre est telle que celle-là reçoit des appréciations plus favorables sur presque tous les aspects envisagés, qu'ils soient relatifs au statut ou à la personnalité des locuteurs.

Dans d'autres cas, il apparaît que les variétés légitimes et non légitimes reçoivent des appréciations diverses selon qu'on évalue leurs locuteurs respectifs sous l'angle de la compétence (*intelligence, éducation, ambition*) ou sous l'angle des qualités sociales et personnelles (*chaleur, sympathie, sociabilité...*). Plusieurs études ont ainsi mis en évidence, parfois sur des bases un peu différentes, que les variétés légitimes reçoivent des appréciations plus favorables que les non légitimes sous l'angle du statut (compétence) et qu'en revanche les variétés non légitimes sont mieux placées quant à la solidarité (intégrité personnelle et attrait social). L'existence de ces deux qualités principales — statut et solidarité — ou, en d'autres termes, de deux normes, une norme de prestige officielle et une norme officieuse, expliquerait, selon Ryan notamment, pourquoi, en dépit de la domination d'une variété sur l'autre, en dépit de l'inculcation d'une variété légitime par l'école, les variétés non prestigieuses subsistent[47].

Quand on envisage, non plus les attitudes vis-à-vis des langues, abstraction faite de la situation, mais en relation avec un contexte d'énonciation, on s'aperçoit que les attentes et les attitudes varient selon la situation. Le fait qu'une variété soit perçue comme plus prestigieuse en général, n'empêche pas que celle-ci soit ressentie comme peu appropriée dans une situation donnée (Taylor et Clement, 1974).

De même, si en se fondant sur la théorie de l'accommodation, on peut faire l'hypothèse qu'en général la convergence est favorablement perçue et la divergence défavorablement, on s'aperçoit, en situation, qu'il n'en va pas toujours ainsi (Giles et Smith, 1979) : la convergence peut être ressentie comme déloyale vis-à-vis du groupe d'appartenance ou comme un signe de condescendance et entraîne dès lors des attitudes négatives.

Il paraît donc essentiel, dans le domaine des attitudes, d'envisager, à côté des appréciations globales menées sans référence à un contexte particulier, des situations beaucoup plus précises où l'on demande par exemple aux juges de réagir aux discours de locuteurs dont on aura identifié la fonction sociale, discours prononcés dans des contextes spécifiques. Les appréciations globales ont leur intérêt[48], mais elles ne peuvent se substituer à une étude des attitudes en liaison avec le contexte, au sens large du terme.

Par ailleurs, une majorité des études passées en revue ici utilisent des échantillons de langage artificiels, lus par un même locuteur et où le même contenu est répété plusieurs fois. Cette technique permet certes un contrôle efficace des variables qui ne font pas l'objet de l'analyse (contenu — différences de voix), et à ce titre, elle possède une bonne validité interne. A cette bonne validité interne correspond toutefois une faible validité écologique[49], en ce sens qu'on s'écarte évidemment, dans ce schéma, des situations de la vie courante où le locuteur évalue un ensemble d'aspects (contenu, accent, voix, syntaxe) et y réagit globalement. Ceci ne signifie toutefois pas que les résultats des études par *locuteur masqué*, comme le dénonce un peu brutalement Lee (1971), n'ont qu'une portée extrêmement limitée et ne traitent que d'attitudes face à des passages lus. Des études reprenant des conversations spontanées ont en effet dégagé des résultats assez semblables à ceux obtenus à partir de passages lus. Il paraît cependant préférable, dans l'état actuel de la recherche, de considérer les résultats, qu'ils aient d'ailleurs été obtenus sur des échantillons «artificiels» ou spontanés, avec le relativisme nécessaire et de compléter ce type d'investigation par d'autres types d'enquêtes, de nature plus ethnographique.

A ce propos, on peut notamment se demander si les dimensions retenues pour les échelles «classiques» sont, dans la vie courante, spontanément utilisées par les individus et, si elles le sont, quel poids relatif il est donné à des qualités telles que par exemple, la compétence et la solidarité. Quelle importance prend la phonétique (l'accent)[50], lorsqu'il s'agit de réagir, en situation, au discours d'un individu réel, parlant sur un thème donné, avec une syntaxe, un lexique, un accent et une voix donnés?

Plus fondamentalement, on peut s'interroger sur le principe même des évaluations par *locuteur masqué*. Dans quelle mesure y a-t-il transitivité entre les attitudes vis-à-vis des variétés linguistiques et attitudes vis-à-vis des locuteurs s'exprimant dans ces variétés?[51].

Tout comme l'on peut regretter que les attitudes exprimées portent le plus souvent sur un locuteur, socialement non situé, lisant un texte dans un contexte non précisé, on peut déplorer «l'endogamie de recherche» qui sévit dans le champ d'étude et qui pousse les psychologues à prendre comme sujets de futurs psychologues. Les quelques études qui ont travaillé sur des échantillons plus diversifiés ont toutes mis en évidence à quel point les caractéristiques des sujets (sexe, classe sociale, âge, ethnie, ...) étaient déterminantes dans le domaine des attitudes. Une prise en considération de ces caractéristiques et une diversification des échantillons s'imposent.

Au-delà de ces remarques particulières, la question qui se pose est finalement celle de la généralisabilité des résultats. Les jugements rendus par tels locuteurs, à propos de telle variété ou telle variante linguistiques, en relation avec tel contexte, dans telle situation expérimentale, peuvent-ils être généralisés et dans quelle mesure?

A ce propos, il convient de rappeler un certain nombre de principes fondamentaux:

A. En ce qui concerne les variables linguistiques, la psycholinguistique (Moreau, 1985; Lafontaine, 1984; Lafontaine et Lardinois, 1985) et la sociolinguistique (Labov, 1978) nous enseignent que la probabilité d'apparition d'une variante donnée (par exemple, l'utilisation de la négation simple, sans *ne*, ou d'une question formulée avec *est-ce que*) est fonction de l'environnement linguistique dans lequel se situe cette variante (par exemple: *qu'est-ce que* est plus fréquent que *combien est-ce que*). L'évaluation de la variante concernée subit à son tour l'influence du contexte dans lequel celle-ci est présentée. Ainsi, comme nous l'avons nous-même testé[52], un même phénomène linguistique — la liaison facultative — présenté dans deux environnements linguistiques différents (*trop occupé* et *je vis en Wallonie*) reçoit des appréciations nettement distinctes (l'absence de liaison est ressentie comme beaucoup plus «incorrecte» dans le premier cas).

Bien que cette remarque ne s'applique pas directement aux études que nous avons présentées jusqu'ici[53], la prudence s'impose donc sur ce point: les attitudes vis-à-vis d'une même variable peuvent en effet fluctuer en fonction de l'environnement linguistique.

B. Par ailleurs, il ne fait pas de doute qu'une même variable ou variété linguistique, selon qu'elle apparaît dans la bouche d'un locuteur cultivé ou dans celle d'un sous-prolétaire, est passible d'appréciations différentes.

Certes, on peut mettre en évidence qu'il existe, d'une façon générale, des variantes plus légitimes, plus prestigieuses que d'autres. Cependant, comme le souligne Labov, «l'emploi isolé d'une variante non légitime n'entraîne généralement pas de forte réaction sociale négative» (1976, p. 172).

C'est en réalité l'apparition d'un ensemble de phénomènes concordants (linguistiques et même non linguistiques) qui se solde par une évaluation positive ou négative.

Il ne suffit donc pas de connaître la valeur accordée à telle variante, isolée de façon expérimentale, pour prédire les jugements qui seront attachés au discours d'un locuteur donné, produisant cette variante avec une fréquence donnée, et en co-occurrence avec d'autres variantes, plus ou moins légitimes.

C. En ce qui concerne les caractéristiques de la situation expérimentale, Lambert (1967) et Labov (1976) ont insisté sur l'importance, dans l'évaluation, du degré de conscience du locuteur. En l'occurrence, les réactions à une même variable, ou une même variété linguistique, peuvent prendre une allure différente selon que l'on a rendu le juge conscient de l'objet de l'évaluation (on parle alors de méthode «directe») ou selon qu'on le laisse rendre une évaluation «dans le vague», voire que l'on détourne son attention sur un autre objet (méthode «indirecte»). Pour prendre un exemple, ce n'est pas parce que 80 % des locuteurs d'une communauté reconnaissent, quand on le leur demande explicitement, qu'il est plus légitime de réaliser /ilplœ/ que /iplœ/ que ces mêmes locuteurs vont repérer systématiquement, dans un discours suivi, les réalisations en /i/ et juger négativement l'auteur du discours. De même, des locuteurs peuvent évaluer globalement un discours de façon positive, sans être capables d'isoler avec précision les éléments sur lesquels repose leur évaluation.

Lorsque, dans une situation expérimentale, on recueille des jugements, que ce soit par méthode directe — en isolant et explicitant l'objet de l'évaluation, — ou par méthode indirecte, il faudra garder à l'esprit que l'on ne dispose ainsi que d'un éclairage partiel sur l'éventail des comportements possibles.

Le rappel de ces grands principes — l'évaluation fluctue en fonction de l'environnement linguistique au sens strict et au sens large (co-occurrence de plusieurs variantes légitimes ou non), de l'identité sociale du locuteur, du contexte, etc. — ne vise pas à jeter le discrédit sur les schémas de recherche expérimentaux, en les taxant, sans plus de nuances, d'artificialité[54]. Le souci de clarifier et de comprendre ce qui est en jeu dans l'évaluation linguistique impose en effet, à un moment ou l'autre, le recours à de telles méthodes. L'évaluation de variables isolées, si elle est éclairante à certains égards, pourrait cependant donner à croire — abusivement — que des valeurs, positives ou négatives, sont attachées, de manière constante, aux variables linguistiques en elles-mêmes[55]. Il importait dès lors de souligner le caractère éminemment relatif des jugements qui peuvent être attachés au discours d'un locuteur, ainsi qu'aux variantes et variétés linguistiques.

Avant de passer à la présentation des travaux de sociolinguistique, il nous faut encore évoquer brièvement un point lié à la théorie des attitudes. Les psychologues sociaux travaillant dans le domaine des attitudes linguistiques soutiennent une conception mentaliste des attitudes. Ils définissent généralement l'attitude comme «une disposition mentale et nerveuse» (Allport, 1935)[56]. En outre, ils considèrent que l'attitude a une structure multi-dimensionnelle et comporte des composantes cognitives, affectives ou évaluatives, et conatives.

En cela, ils s'opposent aux théories behavioristes de Fishbein (1967) et d'Osgood (1967) qui ont une conception unidimensionnelle de l'attitude (aspect évaluatif) et distinguent attitude (évaluative) et croyance (cognitive et conative).

Si les études portant sur les attitudes rappellent fréquemment, dans leurs introductions, qu'elles souscrivent à une conception multidimensionnelle des attitudes (voir par exemple Giles, 1982, ou Lambert, 1960), cette précision ne les conduit pas, et on peut le regretter, à s'interroger sur la part que prennent le cognitif, l'évaluatif et le conatif dans leurs résultats. C'est ainsi qu'on leur a reproché (Edwards, 1982) de confondre attitude et croyance : « Beaucoup de questionnaires d'attitudes sont en fait des questionnaires de croyance, au moins en partie » (p. 21)[57], ou, à l'opposé, de proposer un programme « ambitieux » (trois dimensions), mais de se limiter en fait à la dimension « évaluation ».

« Les chercheurs qui construisent des « échelles d'attitudes » n'affirment pas avec force que leurs instruments mesurent ces composantes ; au lieu de cela, ils soutiennent généralement que leurs échelles mesurent des évaluations (pour ou contre) d'objets ou de concepts. Dès lors, bien que l'on dise souvent que les attitudes incluent les trois composantes, c'est en général la seule évaluation ou « composante affective » qui est mesurée et traitée par les chercheurs comme l'essence des attitudes. » (Fishbein, 1967, p. 108)[58].

Quant à l'aspect conatif, aucune étude ne semble se préoccuper de définir de quels types d'actions ou de comportements de telles attitudes seraient prédictives.

En vérité, il ne fait pas de doute que la composante évaluative est le principal (sinon l'unique) aspect investigué par les psychologues sociaux du langage. Plus généralement, on peut dire que l'attitude a tendance à prendre, dans leurs études, la forme d'une entité propre, auto-générée, originale, sans histoire (ce que requerrait un examen de la dimension « cognitif ») et sans lien précis avec le réel (ce que requerrait un examen de la dimension « conatif »).

Cette position nous paraît, quant à nous, insatisfaisante, qui laisse inexpliqués ou laisse supposer évidents les liens qui unissent les caractéristiques sociales d'un individu, ses attitudes et son comportement en situation.

Il est certes intéressant de connaître ce que sont les attitudes des locuteurs vis-à-vis des variétés linguistiques. Les psychologues sociaux laissent toutefois totalement irrésolue la question de l'amont et de l'aval de telles attitudes. D'un côté, ils laissent entendre que les attitudes ont un caractère prédictif, mais aucune étude ne spécifie de quels comportements ces attitudes seraient prédictives. D'un autre côté, l'absence de considérations historiques ou politiques sur la situation linguistique du pays[58], empêche de penser l'articulation entre attitudes individuelles et situation objective. Enfin, l'absence de prise en considération du statut social des juges, en même temps qu'elle permet aux psychologues sociaux de méconnaître largement ce que les attitudes individuelles doivent aux caractéristiques objectives des sujets, les conduit à donner abusivement pour « attitudes » d'une population les attitudes exprimées par certains groupes sociaux de locuteurs non représentatifs.

III. LA SOCIOLINGUISTIQUE.

1. William Labov.

A. La stratification sociale des variables linguistiques.

Labov est l'un des premiers à s'être attaché à décrire avec précision les variations linguistiques, tout en s'efforçant d'en démontrer le caractère systématique. Rompant avec la tradition linguistique saussurienne et bloomfieldienne, Labov rejette l'idée que les variations enregistrées dans la parole soient entièrement « libres ». Pour lui, les variations stylistiques obéissent à des règles qu'il tente de dégager. En outre, Labov fait l'hypothèse que l'usage de ces règles différencie les groupes sociaux. Ceci le détermine à rechercher l'existence de corrélations entre groupes sociaux et comportements linguistiques.

En se fondant sur les résultats d'interviews préparatoires, Labov fait l'hypothèse que la prononciation de /R/ discrimine socialement les locuteurs new-yorkais[60]. Il entreprend la vérification de cette hypothèse en se rendant successivement dans trois magasins fréquentés par des clientèles socialement contrastées : un magasin haut de gamme, un magasin de moyen standing, et un magasin populaire. Dans chacun des magasins, l'enquêteur s'adresse à un informateur et joue le rôle d'un client à la recherche d'un rayon, toujours situé, en fait, au quatrième étage. La réponse est donc normalement *fourth floor*.

Après obtention d'une première réponse, l'enquêteur fait mine de ne pas avoir compris et demande « Pardon ? ». Il obtient ainsi une seconde réponse prononcée avec soin.

Les résultats font apparaître une stratification nette et cohérente de /R/ dans les trois magasins. Les locuteurs du magasin « chic » prononcent plus souvent le /R/ que ceux du magasin « moyen », qui de leur côté « devancent » nettement ceux du magasin populaire.

En outre, lors de la deuxième réponse, on note des variations de prononciation dans les trois groupes, mais elles sont moins nettes dans le groupe «supérieur» qui semble donc faire preuve d'une plus grande sécurité linguistique.

Cette enquête, et d'autres ultérieures[61], mettent donc en évidence la stratification sociale des variables linguistiques et l'existence d'une variation stylistique liée à l'attention que porte le locuteur à son discours.

B. Les styles contextuels[62].

Labov va s'efforcer de systématiser davantage ses observations sur les variations selon le style et le contexte. Reprenant cinq variables, pour lesquelles il a déjà pu constater une variation régulière, il observe la façon dont ces variables sont réalisées dans différents contextes.

Au sein de l'interview même, il s'efforce de ménager des situations propres à susciter l'usage d'un discours plus ou moins spontané ou surveillé. C'est ainsi qu'il distingue:

a) Le contexte A: regroupe tous les contextes qui, au sein de la situation d'interview, sont propices à l'apparition d'un discours plutôt familier. Parmi ceux-ci, il relève:

- le contexte A1: c'est le discours en dehors du thème de l'interview proprement dite (interruptions, apartés, digressions);
- le contexte A2: ici se retrouve le discours adressé à des tierces personnes, quand une personne interrompt l'interview, téléphone, ...;
- le contexte A3: la catégorie regroupe les digressions sur les thèmes de l'interview;
- le contexte A4: l'enquêteur demande au locuteur de lui réciter des poésies enfantines et traditionnelles;
- le contexte A5: l'enquêteur demande au locuteur de lui raconter un épisode où il s'est trouvé en danger de mort.

Selon Labov, ces deux derniers contextes sont propices, en général, à lever les contraintes pesant sur la situation d'interview et sont donc favorables à l'apparition d'un discours familier.

b) Le contexte B: c'est la situation d'interview proprement dite, l'échange questions-réponses, propice à l'apparition d'un discours surveillé[63].

c) Le contexte C: il s'agit d'une lecture de textes suivis.

d) Le contexte D: le sujet lit des listes de mots.
Le contexte D': le sujet lit des paires minimales[64].

Labov fait l'hypothèse que «les divers styles de discours envisagés se rangent le long d'une dimension unique, l'attention prêtée à la parole, et forment ainsi un continuum dont le discours familier et les paires minimales occupent les deux extrémités» (1976, p. 161).

L'enregistrement de 195 locuteurs new-yorkais, dans ces différents contextes, fait apparaître une nette stratification de /R/ en fonction de la classe sociale et des différents styles contextuels.

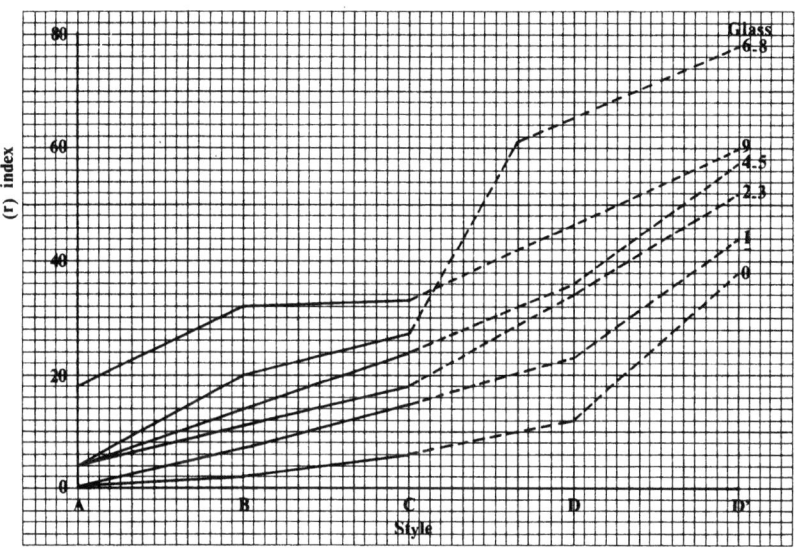

Class stratification of a linguistic variable in process of change:
(r) in *guard, car, beer, beard, board*, etc.

On voit que le taux de réalisations normées[65] augmente régulièrement au fur et à mesure que le style se fait moins familier, et ce dans toutes les couches sociales. Mais la petite bourgeoisie se distingue des autres groupes par un accroissement plus marqué, qui la conduit à «dépasser» la haute bourgeoisie pour les deux styles les plus surveillés. C'est à propos de ce phénomène, constaté pour plusieurs variables, que Labov parlera d'hypercorrection de la petite bourgeoisie[66].

C. *Les tests d'évaluation subjective.*

C'est de la sorte que Labov désigne généralement ce que d'autres appelleraient des études d'attitudes. Ces tests accompagnant plusieurs des recherches conduites par Labov et ils sont conçus afin de «dégager les réactions sociales inconscientes vis-à-vis des valeurs prises par chaque variable phonologique» (p. 183).

Dans l'enquête sur New York, Labov utilise ces tests afin de dégager la façon dont les New-Yorkais perçoivent les différentes réalisations de /R/ (dont Labov a montré qu'elles sont socialement stratifiées). A propos de /R/, il apparaît que la réalisation de ce phonème, à New York, est en pleine évolution. Evaluer les réactions à /R/ équivaut donc à évaluer les réactions des New-Yorkais à un changement linguistique en cours dans leur communauté.

Pour conduire cette évaluation, Labov a recours à la technique du *locuteur masqué*. Cinq locutrices lisent une première phrase ne comportant pas de /R/. Certaines d'entre elles lisent ensuite une phrase qui comporte plusieurs réalisations (normées ou non) de /R/[67]. Les juges sont invités à ranger les locutrices sur une échelle d'aptitude professionnelle reprenant les métiers suivants: vedette de la télévision, secrétaire de direction, hôtesse, standardiste, vendeuse, ouvrière, aucun de ces emplois.

Au total, deux cents épreuves ont été présentées.

L'analyse fait apparaître une différence radicale de comportement entre deux groupes: le groupe des sujets âgés de moins de quarante ans et celui des plus de quarante ans. Les sujets les plus jeunes réagissent presque tous très positivement à l'usage de la «nouvelle» forme de /R/, ce qui n'est le cas que de soixante-deux pour cent des plus de quarante ans[68]. Cette nette différence selon l'âge est le signe qu'un changement linguistique, porté par les locuteurs les plus jeunes, est en train de se produire. En regard de cette différence d'âge, les différences de sexe, de race, et même de classe sociale, ne jouent guère.

Or, il faut se souvenir que l'emploi de /R/ est socialement stratifié et que les réalisations de cette variable, au sein de la communauté new-yorkaise, sont extrêmement diversifiées. Ainsi, en dépit de leurs comportements socialement différenciés, les New-Yorkais, quelle que soit leur classe sociale, réagissent de la même façon aux diverses réalisations de /R/. Cette constatation conduit Labov à proposer une nouvelle définition de la *communauté linguistique*. Selon lui, «il est faux de concevoir la communauté linguistique comme un ensemble de locuteurs employant les mêmes formes (c'était la définition de Bloomfield). On la décrit mieux comme étant un groupe qui partage les mêmes normes quant à la langue» (p. 228).

Labov, qui a dégagé, au niveau du comportement linguistique, une tendance propre à la petite bourgeoisie — l'hypercorrection — va s'attacher à la recherche d'une spécificité équivalente au niveau de l'évaluation.

A cette fin, il reprend la même forme d'épreuve que précédemment (*locuteur masqué*), mais l'applique à trois variables (/R/, /eh/, /oh/) et à quatre-vingt-un sujets. Pour chacune de ces trois variables, la petite bourgeoisie se distingue de nouveau des autres groupes (sous-prolétariat, classe ouvrière, moyenne et haute bourgeoisies) par un pourcentage plus élevé de rejet des formes non standard ou non prestigieuses. Or, signale Labov, la petite bourgeoisie ne cesse d'employer de telles formes non standard dans son discours familier. On voit ici apparaître un principe que Labov définit dans les termes suivants: «ceux qui usent le plus d'un trait stigmatisé sont les mêmes qui s'y montrent le plus sensibles» (1976, p. 198). Dans le cas de la petite bourgeoisie, Labov parlera d'une hypersensibilité, puisque les petits bourgeois sont parmi les utilisateurs les plus assidus des formes non standard, et sont cependant les premiers à condamner un tel usage dans le discours d'autrui.

Mais l'unanimité des réactions au discours d'autrui, sur laquelle Labov fonde sa nouvelle définition de la communauté linguistique, se retrouve-t-elle quand il s'agit, pour les locuteurs, d'évaluer leur *propre* discours?

De telles épreuves d'auto-évaluation ont été proposées aux New-Yorkais: on leur demande, parmi quatre prononciations possibles d'un même mot, d'indiquer celle qui se rapproche le plus de leurs habitudes.

Or, «un tel test d'auto-évaluation démontre à l'évidence que l'extraordinaire accord des réactions manifestées au discours d'autrui ne s'assortit d'aucune lucidité quand il s'agit de percevoir sa propre performance. Bien au contraire, les sujets identifient leur discours aux normes subjectives qui régissent l'évolution de la variation stylistique» (1976, p. 199).

Autrement dit, les sujets n'entendent pas ce qu'ils disent réellement, ils entendent ce qu'ils voudraient s'entendre dire. Dans ce cas encore, la petite bourgeoisie se distingue des autres catégories en s'attribuant un plus grand nombre de formes normées[69].

Enfin, après avoir envisagé l'écart entre l'auto-évaluation et la production réelle des sujets, Labov se penche sur l'écart entre l'auto-évaluation et ce que les sujets estiment être la norme. A cette fin, on présente au sujet dix-huit mots dont la prononciation varie de façon socialement significative, et on lui demande de choisir la forme qu'il estime correcte. On le prie ensuite d'indiquer laquelle de ces formes il emploie habituellement.

«Le nombre de cas où ces deux choix diffèrent constitue l'*indice d'insécurité linguistique*» (p. 184). C'est au sein de la petite bourgeoisie qu'il atteint son plus haut degré: soixante-huit pour cent des petits bourgeois ont entre trois et treize cas de divergence, contre dix pour cent dans la haute bourgeoisie, vingt-neuf pour cent dans la classe ouvrière et trente et un pour cent dans le sous-prolétariat (1976, p. 201).

De l'ensemble de ces analyses, il ressort que, tant dans son comportement linguistique (grande variabilité, hypercorrection) que dans ses attitudes (hypersensibilité et insécurité), la petite bourgeoisie se distingue des autres groupes sociaux, ce qui l'amènera à jouer un rôle différent dans l'évolution de la langue.

L'apport de Labov à la connaissance de l'objet langue et à la compréhension du comportement et du jugement linguistiques ne saurait être remis en question. On ne peut que s'incliner devant la nouveauté et la finesse de sa démarche, la précision et l'intelligence de ses méthodes d'investigation. Les reproches que nous aurions à faire valoir ne concernent que des points de détail. Ainsi, il nous semble quelque peu contradictoire que la petite bourgeoisie s'attribue à la fois beaucoup plus de formes normées qu'elle n'en produit et estime, plus souvent que les autres groupes sociaux, que son comportement est différent de la norme (ce qui dénoterait une plus grande insécurité linguistique). Labov, quant à lui, semble trouver cette attitude tout à fait cohérente.

Il est évidemment malaisé de discuter à propos d'épreuves dont on ne possède ni la description complète, ni l'ensemble des résultats chiffrés. Toutefois, la logique veut que si les petits bourgeois s'attribuent beaucoup plus de formes normées qu'ils n'en produisent, ils doivent indiquer, lors de l'auto-évaluation, qu'ils produisent beaucoup de formes normées. Ce raisonnement va à l'encontre des résulats de l'indice d'insécurité linguistique, où les petits bourgeois distinguent fréquemment leurs propres productions des formes normées, donc s'attribuent peu de formes normées.

Ce caractère contradictoire peut évidemment s'expliquer par la différence entre les deux épreuves (auto-évaluation et indice d'insécurité linguistique). Ainsi, dans l'indice d'insécurité linguistique, il n'est pas indifférent que l'on ait d'abord demandé aux sujets d'indiquer la forme correcte et ensuite de s'évaluer. Mais, répétons-le, nous ne disposons pas des éléments nécessaires pour une comparaison solide.

Il semble, par ailleurs, que la validité de l'indice d'insécurité linguistique peut être mise en question. Cet indice mesure-t-il bien ce qu'il prétend mesurer?[70]. Affirmer que l'on utilise, en général, d'autres formes que les formes normées témoigne-t-il uniquement d'une insécurité linguistique? Il pourrait s'agir d'une plus grande lucidité, qui ne doit pas être confondue avec un manque d'assurance. Distinguer ses pratiques de la norme ne prend-il pas aussi un sens radicalement différent suivant le groupe social concerné? Ce phénomène a-t-il le même sens chez des intellectuels et des petits bourgeois?

D. Le changement linguistique[71].

Contrairement à ce qu'affirmait Bloomfield (1933)[72], Labov soutient qu'il est possible d'observer des changements phonétiques en cours de réalisation. Labov postule, par ailleurs, qu'«il est impossible de comprendre la progression d'un changement dans la langue hors de la vie sociale de la communauté où il se produit» (p. 47). En fait, si la langue évolue, c'est sous la pression de groupes sociaux qui poursuivent des intérêts contradictoires. C'est ce que Labov s'attache à démontrer dans son analyse de l'évolution de deux diphtongues sur l'île de Martha's Vineyard; cette évolution intervient, en effet, au moment où l'île subit une régression économique qui accentue sa dépendance à l'égard du tourisme. Face à l'invasion des touristes, différents groupes sociaux — les pêcheurs de la Haute-Ile, les hommes de trente à quarante-cinq ans — ont un réflexe de repli sur eux-mêmes, qu'ils traduisent notamment par l'emploi d'une particularité phonétique les distinguant à la fois des estivants (cette particularité les identifie comme «Vineyardais») et des autochtones «ouverts» sur l'extérieur.

Labov s'est intéressé au changement linguistique dans d'autres contextes (notamment à New York), tout en continuant à le lier à l'action des groupes sociaux. L'observation de l'évolution dans différentes communautés lui a ainsi permis de développer une conception plus globale du changement linguistique au sein de laquelle l'action de groupes sociaux particuliers est mise en évidence.

Dans un entretien récent avec Bourdieu et Encrevé (1983), Labov confirme, en se fondant sur les résultats de ses propres enquêtes à New York et à Philadelphie, mais aussi sur celles de Trudgill à Norwich et de Cedergen à Panama City que «les innovateurs sont les membres des classes moyennes qui ont une trajectoire sociale ascendante et qui sont le mieux estimés par leur groupe local»[73]. Mais, comme le montraient les épreuves évoquées plus haut, «loin d'être conscients de leurs innovations linguistiques, paradoxalement, ils les rejettent quand on leur propose d'en apprécier les résultats» (p. 69).

Labov souligne aussi le rôle particulier que jouent les femmes dans l'évolution linguistique. La plupart des enquêtes sociolinguistiques menées aux Etats-Unis, en Angleterre, en Amérique du Sud et en France [74] montrent que «dans les situations formelles, les femmes sont plus sensibles et plus ouvertes à l'influence de la norme de prestige linguistique» (p. 69). Certes, cette progression ne s'explique pas biologiquement; mais par le fait qu'elles s'inscrivent, comme les membres des classes moyennes, sur une trajectoire sociale ascendante, favorable à l'adoption de la nouvelle forme de prestige [75].

En revanche, pour Labov, si les classes les plus basses n'innovent jamais, c'est parce que leurs membres identifient l'adoption de normes de prestige comme un comportement féminin [76] et dès lors le rejettent.

2. Peter Trudgill.

L'examen du rôle particulier joué par différents groupes sociaux par rapport à la norme et dans le changement linguistique est aussi au centre des préoccupations de Trudgill (1975).

Comme Labov l'avait fait pour New York, Trudgill cherche à isoler, pour l'anglais parlé à Norwich (Angleterre) des corrélations entre le comportement linguistique et la classe sociale, l'âge, le sexe des locuteurs, d'une part, le style (formel ou informel) dans lequel les discours sont produits, d'autre part. Il compare ensuite la façon dont les locuteurs évaluent leurs propres productions à leurs productions réelles, ce qui permet de voir dans quelle mesure ils se surestiment ou se sous-estiment [77].

Les variables étudiées sont ici aussi de nature phonétique (entre autres, prononciation des -*ing*); il a été établi au préalable qu'elles étaient l'objet de réalisations différentes, plus ou moins conformes à l'anglais légitime, au sein de la communauté étudiée. Les locuteurs (n = 60) ont été enregistrés dans quatre des cinq contextes distingués par Labov (voir ci-dessus): contexte informel, contexte formel (*interview*), lecture d'un texte et lecture de mots isolés. Les sujets ont été répartis en cinq catégories sociales (bourgeoisie — petite bourgeoisie — ouvriers de niveau supérieur — ouvriers de niveau moyen et ouvriers de niveau inférieur) en se fondant sur les paramètres suivants: revenu, éducation, type d'habitation, lieu de résidence, emploi et emploi du père.

Si l'on prend, par exemple, le cas de la variable -*ing*, il apparaît que les réalisations diffèrent fortement selon la classe sociale et le style de discours. Ainsi, les résultats vont d'un maximum de 100 % de formes non légitimes chez les ouvriers de niveau inférieur, dans le contexte informel, à un minimum de 0 % dans la bourgeoisie pour la lecture de texte et de mots. Au sein de chaque classe sociale, on note plus de formes légitimes en passant du contexte informel à la lecture de mots; et pour chaque style de discours, on remarque une augmentation du nombre de formes légitimes quand on passe des ouvriers du niveau inférieur à la bourgeoisie.

Pour -ing et pour dix-sept des vingt variables étudiées, on observe, dans chaque catégorie sociale, que les femmes produisent plus de formes légitimes que les hommes.

A côté d'autres explications possibles, Trudgill envisage surtout l'hypothèse selon laquelle des connotations de virilité seraient associées au langage de la classe ouvrière (cf. Labov et Bourdieu, 1983)[78] et, dans la suite de son travail, il s'attache à en mettre l'existence en évidence.

Ainsi, à New York, comme à Norwich, les locuteurs semblent nourrir à l'endroit de leur propre dialecte des sentiments très négatifs. A Norwich, l'un des commentaires types est « je parle affreusement mal »; quand on demande aux locuteurs s'ils souhaitent modifier leur façon de parler, ceux-ci affirment généralement qu'ils souhaiteraient un tel changement. Mais, si l'enquêteur insiste un peu, la plupart admettent qu'ils ne voudraient pas réellement changer, car s'ils le faisaient, « ils seraient presque certainement considérés comme idiots, arrogants ou déloyaux par leurs amis ou leurs familles » (1975, p. 93)[79].

On peut donc soupçonner, à côté du prestige de la variété officielle, l'existence de valeurs inavouées (hidden values) associées au dialecte non légitime. La norme explicite (overt prestige) serait donc concurrencée, au sein de certains groupes, par une norme implicite (covert prestige) généralement inavouable — du moins de prime abord — dans une situation d'interview. Mais, pour ces groupes, la transgression de cette norme implicite serait perçue comme déloyale — comme une trahison peu conforme au code populaire de l'honneur viril.

Selon Trudgill, l'existence d'une telle norme inavouable est lisible dans la façon dont les locuteurs des différents groupes évaluent leurs propres productions.

A New York, Labov avait en effet montré que beaucoup de locuteurs avaient tendance à se surestimer (62 % de surestimations contre 26 % de sous-estimations), et que, s'ils agissaient ainsi, c'était parce qu'ils percevaient leur propre langage à travers le filtre des normes visées.

Or à Norwich[80], contrairement à New york, il apparaît, lors des tests d'auto-évaluation, que relativement peu de locuteurs se surestiment — et, qu'en revanche, pas mal de locuteurs se sous-estiment[81].

Pour une proportion non négligeable de locuteurs, la norme visée est, selon l'hypothèse de Labov, une norme cachée, qui correspond au langage de la classe ouvrière. Or, qui sont ces locuteurs qui se sous-estiment? Ce sont, dans leur grande majorité, des hommes (34 % d'hommes contre 10 % de femmes, pour les quatre variables présentées sous forme de tableaux chiffrés) appartenant aussi bien à la bourgeoisie (*middle-class*) qu'à la classe ouvrière. Ce sont, enfin, des jeunes (10-29 ans), qu'ils soient de sexe masculin ou féminin. En revanche, les locuteurs qui se surestiment sont en majorité des femmes, principalement âgées de plus de trente ans.

Ainsi, un nombre important de locuteurs (les hommes, et les jeunes des deux sexes) semblent se montrer plus soucieux d'acquérir un prestige privé à travers l'utilisation de formes non légitimes qu'un prestige officiel lié à l'utilisation de la langue légitime. Ce n'est toutefois pas le cas des femmes de plus de trente ans.

Pour Trudgill, à cette position particulière des hommes et des femmes à l'égard de la langue légitime devraient répondre des rôles différents dans le changement linguistique.

«Par conséquent, il est possible de suggérer que les changements linguistiques dans une direction opposée à la variété légitime sont portés, dans la communauté, par les membres des *upper* et *middle working class*. Plus particulièrement, à cause du «prestige voilé» que les formes non légitimes ont pour eux, nous devrions nous attendre à ce que des changements de ce type soient portés par les hommes des *middle* et *upper working class*. (Parallèlement, les formes légitimes seront introduites par les femmes de la *middle-class*)»[82].

Cette interprétation reste à confirmer. Comme nous l'avons déjà souligné, ce n'est pas parce que les femmes se conforment à la variété légitime qu'elles sont responsables de son établissement. En outre, le rôle des attitudes ne doit pas être surestimé; il est difficile d'apprécier quels rôles respectifs jouent, dans le changement linguistique, les pratiques et les attitudes linguistiques, d'autant plus que celles-ci ne sont pas toujours concordantes. Il demeure néanmoins, qu'en dépit de leurs attitudes, les hommes de la petite bourgeoisie et de la bourgeoisie (d'après les résultats de Trudgill lui-même) utilisent, même en contexte informel, relativement peu de formes non légitimes, alors que, de leur côté, les femmes de milieu ouvrier utilisent pratiquement autant de formes non légitimes que les hommes de même milieu. Ce comportement et les sanctions qu'il reçoit sur un marché linguistique objectivement dominé par la variété légitime, n'ont-ils pas plus de poids sur le changement linguistique que l'attirance des locuteurs pour l'une ou l'autre norme — officielle ou inavouable?[83].

NOTES

[1] Une rencontre a lieu au mois de mai 1964 à l'Université de Californie à Los Angeles. Il y est fait mention explicite, pour la première fois, du terme «sociolinguistique». Bright publiera les interventions de ce colloque en 1966, *Sociolinguistics*, La Haye: Mouton. En juillet-août 1964, se tient une autre rencontre à Bloomington (Indiana). Le compte rendu est assuré par R. Shuy, *Social dialects and language learning*, Indiana: National Council of Teachers, Champaign, Illinois, 1964.
[2] D. Hymes (éd.), *Language in culture and society*, New York: Harper et Row, 1964.
J.J. Gumperz et D. Hymes (éds), The ethnography of communication, *American Anthropologist*, 66(6), part 2, D.C. Washington: American Anthropological Association.
[3] «... *the difference between how people use languages and what they believe about the linguistic behavior of themselves and others*».
[4] «*This* (ce que Halliday appelle «*institutional linguistics*») *includes the study of language communities, singly and in contact, of varieties of language and of attitudes to language*».
[5] «*What values are held and transmitted with regard to the language or languages spoken?*»
[6] En 1984, Shuy note cependant: «*Language attitudes, values and beliefs were another area of focus by sociolinguistics in the past decade. Studies of teacher's attitudes toward the language use of their students formed some helpful guidelines for instructional pratice*». (p. 103).
[7] Outre qu'ils utilisent rarement la notion d'attitude, lui préférant des termes plus spécifiques (évaluation, réaction subjective).
[8] On comprend donc mieux que présenter les études sociolinguistiques sur les attitudes en faisant abstraction du tableau dans lequel elles s'insèrent n'aurait guère de sens. C'est pourquoi, lorsque nous exposerons les recherches de Labov, qui constituent le cadre de référence de toute la sociolinguistique variationniste actuelle, nous y inclurons l'ensemble de ses travaux sur la variation sociale.
[9] Voir la théorie de l'accommodation (pp. 24-25).
[10] Y compris le sexe, l'ethnie, l'origine régionale.
[11] Il ne faut toutefois pas exagérer l'importance de l'opposition entre *interactionnistes* et *variationnistes*. L'évolution des travaux de Labov (1983) montre qu'une conciliation entre les deux points de vue est possible et source d'avancée théorique.
[12] C'est ainsi que nous traduisons l'expression anglaise *matched-guise*. Le principe de cette technique sera exposé plus loin.

[13] « *Language acquisition, interpersonal communication, language and sex roles, language and social class, language and ethnicity, language and attitudes; language personality, emotion and psychopathology; temporal aspects of speech, bilingualism, multilingualism and code switching.* »
[14] « *First, sociolinguistics had been relatively taxonomic and descriptive rather than explanatory in its emphasis. Second, sociolinguistics accounts of language variation had been couched primarily in terms of associations between the use of specific speech features and membership of apsychological social entities (...). The third and related concern was that sociolinguistics had tented to separate language from definitions of society and social situations. Traditional sociolinguistics cannot cope systematically with the idea that language behaviour, far from being the passive automatic reflection of an underlying social reality, is the product of individuals who are actively engaged in the construction of social reality who perhaps, as often as not, use language to create and manage situations and impressions.* »
[15] Le courant *variationniste* centre ses efforts sur l'étude des covariations entre les caractéristiques des locuteurs (classe sociale, sexe) et leurs comportements ou attitudes linguistiques. Le principal représentant de ce courant est Labov.
De leur côté, les tenants d'une perspective *interactionniste* rejettent l'existence des déterminismes sociaux et mettent l'accent sur la liberté qu'a l'individu de choisir entre diverses façons de parler en fonction du contexte.
Le courant interactionniste est né aux Etats-Unis dans les années 20-30 (Ecole de Chicago); il est représenté par G.H. Mead, E. Goffman, les ethnographes de la communication (Hymes, Gumperz) et les psychologues sociaux du langage (Giles, Robinson, St Clair...).
Dans un autre domaine (sociologie), voici comment Boudon définit ces deux courants : « on peut parler de *déterminisme environnementaliste* à propos du premier type de modèle *d'homo sociologicus*, à savoir celui dont le comportement doit être expliqué à partir de variables caractérisant l'environnement de l'individu (...). Enfin, on peut parler de modèle interactionniste à propos du modèle *d'homo sociologicus* qui interprète les comportements comme des actions entreprises en vue d'obtenir certaines fins » (Boudon, 1976, p. 420).
[16] « *Language behavior, in addition to being a product of people who are influenced by others, is also one of the means by which we can exert influence.* »
[17] L'attribution consiste à « utiliser une certaine information pour lui susciter un complément, lié à la première par une causalité de type inductif ». (Leyens, 1983, p. 82).
[18] « *It appears to reveal judges more private reactions to the contrasting groups than direct attitude questionnaires do.* »
[19] Lambert (1967, p. 215) : « *In our experience, no subjects have become aware of this fact.* » Certains chercheurs (Edwards, 1979), après avoir utilisé cette méthode, ont informé leurs juges de l'utilisation d'un locuteur unique par variante contrastée; ceci a suscité chez ces derniers un grand étonnement.
[20] Variété linguistique, régionale ou sociale.
[21] A ce propos, l'absence fréquente du texte qui sert de base à l'évaluation nous prive d'un renseignement précieux : il se pourrait, en effet, que, dans certains cas, le contenu du texte choisi s'accommode mieux de l'un ou l'autre des accents, ce qui pourrait retentir sur les jugements émis.
[22] *Received pronunciation*, aussi appelé accent BBC, qui est l'accent de prestige en Angleterre.
[23] Les auteurs ne livrent pas leurs hypothèses sur la façon dont se « grouperont » les échelles avant les résultats.
[24] Il semble même que les trois dimensions logiques proposées par Preston et reprises par Lambert — compétence, intégrité personnelle et attrait social — en viennent, à

force de répétitions, à être considérées comme des facteurs (pseudo-validation par habitude), alors que Lambert ne leur donnait nullement cette valeur.

[25] Aucun renseignement n'est fourni sur la base à partir de laquelle ces échelles ont été jugées représentatives.

[26] D'autres études (Arthur, Farrar et Bradford, 1974; Romaine, 1980) aboutissent à des résultats comparables et sont passibles des mêmes critiques.

[27] Voir Edwards (1982) «La plupart des travaux discutés dans ce chapitre ont utilisé une approche méthodologique — généralement une estimation d'un discours désincarné dans des conditions moins que naturelles. Même si ces efforts méritoires ont produit des résultats très similaires, cela ne garantit pas en soi l'efficacité; les artefacts de l'expérimentation peuvent eux-mêmes être assez importants» (p. 32).

« Most of the work discussed in this chapter has employed one methodological approach — usually an assessment of disembodied speech in less than entirely natural surroundings. While such reasonable efforts have revealed a considerable degree of similarity of results, it does not in itself garanty accuracy; artefacts of experimentation may themselves be quite consistent. »

[28] Les auteurs considèrent que les échelles relatives au statut et à la solidarité couvrent la dimension «Evaluation». Un différentiateur sémantique comporte en principe trois facteurs: évaluation — activité — puissance (Osgood, 1967).

[29] C'est l'une des rares études où ce contrôle a été effectué.

[30] On retrouve dans le facteur *solidarité* des traits classés par Preston (1963) dans les catégories *attrait social* et *intégrité personnelle*.

[31] *« If context were to be ignored, the results would have indicated only an overall preference for English. »*

[32] Loin de nous l'intention de sacrifier à l'impérialisme anglo-saxon en ne traduisant pas ces expressions. L'absence d'équivalence entre *« middle-class »* et «classe moyenne» étant source de multiples confusions, nous préférons livrer les expressions anglaises.

[33] Voir *supra*, pp. 21-22.

[34] Selon nous, cette différence entre les expériences québécoise et écossaise pourrait provenir du fait que l'athlète est, au Québec, une femme, en Ecosse, un homme. Le fait, pour un homme, de se plier aux normes de prestige, serait perçu comme plus «déloyal» que pour une femme.

[35] Convergence vers le haut = s'adapter à la façon de s'exprimer d'un interlocuteur parlant une variété socialement plus prestigieuse que le dialecte habituel du locuteur.

[36] L'un des problèmes majeurs de la théorie de l'accommodation est qu'y sont confondus dans un même terme *convergence* (ou *divergence*) l'intention du locuteur (par exemple, se rapprocher de son interlocuteur) et les moyens linguistiques mis en œuvre pour y parvenir. Or, même si ce ne sont pas là les situations les plus fréquentes, il est des interactions où un locuteur peut converger (objectivement) pour diverger (intention) — par exemple, imiter quelqu'un pour s'en moquer — ou au contraire diverger (objectivement) alors que son intention est de converger.

Récemment, les psychologues sociaux ont proposé une nouvelle version de la théorie où ils s'efforcent de distinguer entre dimension *objective* et dimension *subjective* de la convergence (Thakerar, Giles et Cheshire, 1982).

[37] Les auteurs n'envisagent pas la possibilité d'un effet spécifique de la situation présentée sur les attitudes enregistrées. Dans ce cas, le locuteur évalué occupe une position dominante (conférencier); il est probable que les attitudes seraient différentes si l'on évaluait la convergence chez un locuteur placé dans une situation où il est dominé.

[38] La liste complète des échelles n'est pas fournie.

[39] Voir ci-avant, pp. 27-28

[40] D'après diverses sources citées par Giles, on écrirait plus à propos d'une personne sympathique, et quand on s'adresse à une personne sympathique.

⁴¹ « *Has accrued that does not cast doubt on the validity of the earlier studies using content-controlled and repeated stimulus procedures.* »
⁴² Les critiques sont générales et ne se limitent pas aux études relevant de la psychologie sociale du langage. Mais comme celles-ci sont de loin les plus nombreuses, elles sont concernées en priorité.
⁴³ « *Except for L.S. Harms and W. Labov, listener's status has been ignored in the analyses of results.* »
⁴⁴ Carranza et Ryan (1975) notamment.
⁴⁵ « *The scales are not accompanied by evidence of validity and reliability. None is supported by test-retest or inter-rater reliability data.* »
⁴⁶ « *We believe this type of unreliability is due in large part to the main statistics used, the difference between an individual's rating of a pair of guises on a single trait. Difference scores give notoriously low test-retest reliability coefficients although their use for comparing means is perfectly appropriate.* »
⁴⁷ *Cf.* Ryan (1979).
⁴⁸ Notamment du fait de leur généralité, quand on s'efforce, lors d'une enquête exploratoire, d'obtenir une première vue d'ensemble. Mais le fait d'établir qu'en général l'accent liégeois est moins bien perçu que l'accent parisien ne permet pas de prédire comment, dans une situation donnée, un locuteur donné, possédant une identité sociale donnée et s'exprimant avec un accent liégeois, sera évalué.
⁴⁹ Au premier sens que donnait Bronfenbrenner (1979) à cette notion : « *an investigation is regarded as ecologically valid if it is carried out in a natural setting and involves objects and activities from everyday life* » (1979, p. 28).
⁵⁰ Toutes les études portent soit sur des langues, soit sur la seule dimension phonétique.
⁵¹ Récemment, ce principe a été remis en question par des psychologues sociaux eux-mêmes : « *A personal preference not to use metric or Spanish does not necessarily imply a corresponding dislike and downgrading of an individual who has switched to metric or one who speaks Spanish. Further more, dislike and downgrading of speakers of a given variety would not necessarily preclude a desire to learn that variety for instrumental reasons. A complete understanding of language attitudes in any cultural context will be best achieved through combined use of direct and indirect assessments* » (Ryan, 1980, p. 195).
⁵² Lafontaine (1985a).
⁵³ Mais elle s'applique aux travaux de Labov (1976) et de Trudgill (1975) notamment, ainsi qu'à nos propres recherches.
⁵⁴ L'opposition entre situation naturelle/situation artificielle est en effet une distinction propre à l'observateur et non à l'objet. Elle est donc de peu de valeur scientifique. On pourrait montrer qu'elle dissimule souvent un jugement de valeur sous-jacent qui porte à favoriser, pour des raisons extra-scientifiques, une situation au détriment de l'autre. La question de la validité écologique d'une situation de recherche ne peut, comme l'explique Bronfenbrenner (1979), se ramener à considérer le caractère «naturel» ou «artificiel» de cette situation. Il conviendrait, en réalité, d'analyser les caractéristiques objectives et subjectives de chaque situation (la signification qu'elle revêt aux yeux du sujet testé) et, avant toute généralisation, d'évaluer dans quelle mesure celles-ci correspondent aux propriétés de l'environnement auquel le chercheur souhaite généraliser les résultats.
⁵⁵ On verse dans ce travers lorsqu'on parle dans l'absolu de «variété légitime» ou de «variante stigmatisée». Cette légitimité est en réalité très relative, ce qui n'empêche, qu'à certains moments, il soit nécessaire de recourir à ces étiquettes quelque peu généralisantes.
⁵⁶ « *A mental and neural state of readiness.* »
⁵⁷ « *Many 'attitude' questionnaires are, in fact, belief questionnaires, at least in part* » (p. 21).

Par exemple, la réponse à une question du type : *Est-il oui ou non important de connaître l'anglais ?* relèverait de la croyance et non de l'attitude. Quand on demande, au Québec, de situer un anglophone et un francophone sur une échelle socio-professionnelle, comment distinguer la part d'évaluation (j'estime que l'anglais doit avoir un statut plus élevé) de la part de connaissance (le sujet sait que les anglophones, objectivement, occupent des postes plus élevés) ?

[58] « *People who construct « attitude scales » rarely maintain that their instruments are measuring these components; instead they usually contend that their scales indicate people's evaluation (pro-con) of objects or concepts. Thus, although attitudes are often said to include all three components, it is usually only the evaluation or « the affective component » that is measured and treated by researchers as the essence of attitudes.* »

[59] La plupart du temps, la connaissance qu'a par ailleurs le lecteur de la situation linguistique du pays (par exemple, le Canada) lui permet de pallier cette carence; dans d'autres cas, faute d'éclairage historique, l'étude des attitudes n'a littéralement aucun sens (*cf.* Schneidermann, 1982).

[60] *The social stratification of English in New York City* (1966), chapitres III et IX. *Sociolinguistique*, Paris : Minuit, 1976, pour la traduction française. Toutes les citations de Labov sont extraites de la traduction française.

[61] Pour une analyse de la stratification d'autres variables à New York, voir Labov, *in* J.A. Fishman (éd.), *Readings in the sociology of language*, La Haye : Mouton, 1968, 240-251.
W. Labov (1976), *Sociolinguistique*, Paris : Minuit, pour la traduction française.

[62] *The stratification of English in New York City* (1966). *Sociolinguistique*, 1976, 127-174, pour la traduction française.

[63] En ce qui concerne la distinction entre contextes A et B, Labov fait remarquer qu'« aucune technique n'est apte à relâcher à coup sûr et pour tous les sujets les contraintes de la situation d'interview » (1976, p. 158). Aussi, la distinction présentée ci-dessus n'est-elle qu'hypothétique. Une fois les locuteurs enregistrés, c'est à travers une analyse instrumentale de l'intonation, du rire, du rythme que Labov s'attache à déterminer que telle partie relève du contexte A et telle autre du B.

[64] Paires de mots qui se distinguent uniquement par la forme que prend la réalisation de la variable étudiée (par exemple, en français, poignet/poignée, si on étudie l'opposition /ɛ/ ~ /e/ ou brin/brun pour la variable /ɛ̃/ ~ /œ̃/.

[65] Labov parle, à propos de /R/, de « norme de prestige ». Comme nous l'expliquons plus loin, nous sommes incapable de comprendre s'il s'agit là d'une variante légitime ou d'un autre phénomène ; c'est pourquoi nous conservons le terme utilisé par Labov.

[66] « Nous ne faisons qu'élargir l'usage habituel du terme hypercorrection qui dénote l'application déplacée d'une règle imparfaitement assimilée » (1976, p. 193).

[67] A la différence de Lambert, Labov utilise des échantillons naturels, ce qui signifie qu'il n'exerce aucun contrôle sur les autres variables que /R/, qui peuvent aussi varier d'une phrase à l'autre.

[68] Il faut avouer qu'il est bien malaisé au lecteur de s'y retrouver dans le *locuteur masqué* revu et corrigé par Labov. Bien difficile aussi de le suivre à l'aveuglette quand il postule que les différences d'évaluation portent sur les différentes réalisations de /R/. Rappelons que toute une série d'autres éléments que /R/ varient d'une phrase à l'autre. Quelques contrôles sont effectués, mais ils ne sont pas extrêmement convaincants (très petit nombre de sujets). En outre, la façon dont Labov définit les réactions positives et négatives à /R/ est loin d'être limpide.

[69] On peut cependant se demander si les locuteurs, lorsqu'on leur demande de s'auto-évaluer, ne prennent pas comme référence leur « meilleur » discours (c'est-à-dire le discours surveillé), auquel cas la tendance à se surestimer serait beaucoup moins nette, et le comportement de la petite bourgeoisie, qui produit beaucoup de formes normées

en discours surveillé, serait moins spécifique. Labov est très peu explicite sur ce point : il ne fournit ni tableaux de résultats, ni le nombre d'items de l'épreuve, et n'indique pas sur quelle base il juge que les sujets se surestiment. En l'occurrence, il aurait été intéressant de fournir les indications de l'auto-évaluation par rapport au discours familier et par rapport au discours surveillé.

[70] Pour une critique de l'indice d'insécurité linguistique, voir Macaulay (1975), qui fait notamment l'observation suivante : pour ne pas manifester d'insécurité linguistique, les locuteurs devraient en principe affirmer qu'ils parlent «correctement». Or, chez Labov, l'épreuve d'auto-évaluation vient à la fin d'une longue interview portant sur les aspects linguistiques du parler new-yorkais. Macaulay poursuit : «*In the circumstances, the surprising thing is not that some informants showed signs of insecurity but that out of 73 informants, 26 claimed that they spoke absolutely «correctly» and a further 20 admitted to at most only two deviations from «correctness». It would be reasonable to argue that these figures show remarkable linguistic confidence on the part of two thirds of the informants*» (Macaulay, 1975, p. 149).

[71] Les motivations sociales d'un changement phonétique, *Word*, 1963, *19*, 273-309. *Sociolinguistique*, 1976, 45-93.

[72] «Le processus de changement linguistique n'a jamais été observé directement. Nous verrons que cette observation, avec nos facilités présentes, est inconcevable» (Bloomfield, 1933, cité par Labov).

[73] On peut s'interroger, avec Bourdieu, sur cette tendance à vouloir considérer un groupe social comme «innovateur» ou «conservateur» en général. «Je ne sais pas si l'on peut accepter l'idée qu'il y a des lieux où cela change (...). Est-ce que le changement n'est pas partout et nulle part en particulier?» (Bourdieu, 1983, p. 69).

[74] On note quelques contre-exemples en Inde et en Iran.

[75] Dans cet entretien, Labov assimile «innovation» et tendance à être sensible à la norme de prestige, ce qui ne va pas de soi. Le fait, pour un groupe, de se conformer à la norme de prestige ne signifie pas que ce groupe a nécessairement contribué à l'établissement de cette norme. En outre, pour quelqu'un qui ne connaît pas concrètement les phénomènes décrits par Labov (par exemple, la réalisation de /R/ à New York) comme constituant une norme de prestige, il est extrêmement malaisé de comprendre à quel genre de réalité Labov fait référence lorsqu'il parle de «norme de prestige». En effet, dans le domaine francophone, le concept de norme véhicule plutôt l'idée de conservatisme que celle du changement, ce qui nous porte à croire que le terme recouvre une réalité distincte dans les deux cas. Il nous semble qu'un équivalent possible d'une variable relevant de la norme de prestige au sens où l'entend Labov, serait la prononciation de l'article *un* /ɛ̃/ (disparition de l'opposition /ɛ̃/ ~ /œ̃/).

[76] Labov, *idem*, p. 70. Voir aussi sur ce point Bourdieu (1979). «Du point de vue des membres des classes dominées, les valeurs de culture et de raffinement sont perçues comme féminines et l'identification à la classe dominante en matière de langage par exemple, implique l'acceptation d'une manière de tenir son corps qui apparaît comme efféminée («faire des chichis», des «manières», des «mines», «minauder», «faire du genre»), comme un reniement des valeurs viriles». (Bourdieu, 1977, p. 32).

[77] On parle de surestimation lorsque le sujet déclare utiliser plus de formes légitimes qu'il n'en utilise réellement, de sous-estimation dans le cas opposé.

[78] Mais pour suivre vraiment Labov et Bourdieu, il faudrait ajouter *par* la classe ouvrière.

[79] «*They would almost certainly be considered foolish, arrogant or disloyal by their friends and family*».

[80] Alors que Trudgill emploie des critères plus «sévères» que Labov, ce qui devrait conduire à une surestimation plus nette encore.

[81] En fait, bien que Trudgill souligne l'importance des sous-estimations, les chiffres fournis pour quatre variables font apparaître une proportion sensiblement équivalente

— en moyenne — de sur et de sous-estimations (26 % - 22 %). Pour nous, le phénomène le plus remarquable est le caractère très variable de l'estimation (sur ou sous) suivant le phénomène envisagé.

[82] «*It is therefore possible to suggest that linguistic changes in a direction away from the standard form are led in the community by members of the UWC and MWC. In particular, because of the covert prestige non standard forms have for them, we would expect changes of this type to be spear headed by MWC and UWC men. (Correspondingly standard forms will tend to be introduced by MC women)*» (p. 100).

Nous avons pris la liberté de traduire standard par «légitime», afin de conserver une homogénéité terminologique dans notre texte.

[83] En ce qui concerne l'ensemble des études consacrées aux différences de comportement ou d'attitude entre hommes et femmes, nous aimerions attirer l'attention sur un point méthodologique. Quand l'échantillon comporte des femmes qui ne travaillent pas à l'extérieur, comment détermine-t-on leur catégorie sociale? D'après leur niveau d'études, la profession de leur mari ou celle de leurs parents? Même en combinant ces différents critères, peut-on être sûrs d'avoir ainsi assuré une réelle équivalence entre hommes et femmes classés dans la même catégorie? Par ailleurs, quand on a affaire à des femmes qui travaillent, le métier exercé a-t-il la même valeur sur le marché du travail féminin que sur le marché du travail masculin? Compare-t-on réellement la même chose lorsqu'on met en regard ouvrier et ouvrière, employé et employée, professeur homme et femme, avocat et avocate? Le fait, pour une femme, de parvenir à exercer un métier, même relativement peu prestigieux, n'équivaut-il pas de sa part, par rapport à son destin de femme, à une ascension qui n'a pas son équivalent chez les hommes? Certes, il n'existe pas de réponses simples à toutes ces questions, d'abord sociologiques, et il n'appartient pas aux sociolinguistes d'y répondre les premiers. Ces quelques remarques ne visent qu'à inciter à beaucoup de prudence lorsque l'on interprète les résultats d'études différentielles.

Chapitre II
Attitudes et normes subjectives chez les enfants et les adolescents

Après avoir dégagé les principaux apports de la psychologie sociale du langage et de la sociolinguistique à la compréhension des attitudes linguistiques, nous nous pencherons, dans ce chapitre et le suivant, sur les attitudes ou normes subjectives propres à deux groupes particuliers de locuteurs : les enfants ou adolescents, d'une part, les enseignants d'autre part.

Ces deux chapitres obéissent à une même structure : dans un premier temps, examen de la littérature ; dans un second temps, exposé des résultats de recherches empiriques que nous avons menées à ce propos.

I. REVUE DE LA LITTERATURE.

Les attitudes des enfants à l'égard des variétés ou variations linguistiques peuvent être envisagées sous deux angles :
- La capacité ou la compétence : à partir de quel âge les enfants manifestent-ils des attitudes linguistiques ?
- La spécificité : quels types d'attitudes les enfants et/ou les adolescents développent-ils ?

1. La compétence.

Dans le domaine des attitudes développées par les enfants, on se réfère généralement aux informations fournies par Labov, pour qui cette capacité spécifique se développe tardivement.

«C'est au cours de la première année d'école secondaire que le locuteur commence à assimiler l'ensemble des jugements de valeurs que nous avons présentés. Il devient sensible à la valeur sociale de sa façon de parler et de celle des autres, jusqu'à atteindre une familiarité complète avec les normes de la communauté, vers dix-sept ou dix-huit ans» (1976, p. 207)[1].

Cette interprétation pose quelques problèmes. Labov tire ses conclusions de l'observation du comportement d'adolescents au cours de tests de réaction subjective et de l'observation de leur comportement linguistique (à *Martha's Vineyard*). Deux remarques s'imposent:

- Les tests de réaction subjective consistent en une épreuve spécifique, portant sur une seule variable phonétique, /R/. Peut-on, à partir de ce seul phénomène, tirer des conclusions sur la compétence générale des enfants et des adolescents?

- Plus généralement, Labov a tendance à assimiler — à tort pensons-nous — compétence et conformité (voir citation précédente). On ne voit pas, en effet, qu'il envisage la possibilité d'une compétence enfantine qui prendrait des formes différentes de la compétence adulte. Labov ne s'intéresse à la compétence des enfants qu'à partir du moment où celle-ci prend des formes adultes.

Ces dernières années, un courant de recherche en sociolinguistique s'est intéressé au développement de la compétence à communiquer des enfants (*communicative competence*). Selon la définition de Hymes, la compétence à communiquer englobe la connaissance des règles grammaticales et la connaissance de l'usage social des formes linguistiques (quelles formes utiliser avec qui, quand, où et pourquoi?). Les attitudes ou représentations font partie intégrante de cette compétence[2].

Plusieurs études ont démontré que la sensibilité aux valeurs sociales associées aux formes linguistiques se développe de façon précoce chez l'enfant, mais qu'elle se traduit parfois par des stratégies spécifiques.

Ainsi, Berko-Gleason (1973) montre que, dès l'âge de quatre ans, des enfants changent de style selon l'interlocuteur; par exemple, ils utilisent entre eux un langage différent de celui qu'ils emploient face à des adultes. Des enfants de cinq-six ans, mis en présence d'enfants plus jeunes, même s'ils n'utilisent pas toujours les moyens appropriés, tentent d'adapter leur discours à leur interlocuteur.

Bates (1976) a, de son côté, mis en évidence que les enfants de quatre ans et demi à six ans sont capables de répondre de façon variée et adéquate (production de requêtes polies) quand ils s'adressent à une personne «respectable» (en l'occurrence une marionnette représentant une vieille dame).

Ervin-Tripp (1977) montre, elle, que les enfants, dès l'âge de trois ans, utilisent un éventail de formes différentes pour donner des ordres et choisissent leurs formes en fonction de l'âge de l'interlocuteur et de son degré de familiarité, d'une part, en fonction de la tâche demandée, d'autre part[3].

Certes, dans ces différentes études, les enfants n'ont pas été invités à exprimer explicitement leurs attitudes linguistiques. L'analyse de leur comportement permet toutefois de penser qu'ils ont intégré un certain nombre de connaissances sociales sur la langue: ils se montrent, en effet, désireux de moduler leur discours selon les caractéristiques sociales du contexte, même si, dans cette modulation, ils n'utilisent pas toujours les moyens canoniques adultes. Assimiler la compétence à l'exercice des seuls moyens adultes de cette compétence serait faire preuve d'un adultocentrisme déplacé.

C'est pourquoi il semble utile de distinguer, d'une part, l'apparition d'une sensibilité aux variations sociales, qui semble plus précoce que ne le pensait Labov, et, d'autre part, le moment, sans doute plus tardif, où les attitudes des adolescents deviennent conformes à celles des adultes.

Rueid (1978), s'appuyant sur les méthodes de Labov, s'est intéressée à la variation sociale et stylistique dans le discours des enfants, et au degré de conscience qu'en avaient ceux-ci. Seize garçons écossais de onze ans ont été enregistrés dans quatre contextes différents: jeu avec pairs, discussion avec pairs en présence de l'intervieweur, interview individuelle, lecture d'un texte. Selon Labov, rappelons-le, ces quatre contextes se rangent sur une échelle de formalité croissante. Parmi les seize garçons, six viennent d'une école à recrutement social assez bas, six d'une école fréquentée par des élèves de milieu aisé, et quatre d'une école privée. L'étude de la variation porte sur la réalisation de deux phonèmes, /t/ et /η/.

Dès onze ans, les schémas de la variation semblent bien établis. Chacun produit, au fur et à mesure que le degré de formalité augmente, plus de formes légitimes, avec cependant quelques différences individuelles. En outre, le degré de réalisation des formes légitimes varie selon les caractéristiques sociales: les enfants issus de milieux peu aisés ou fréquentant une école de quartier populaire réalisent moins de formes légitimes que les autres.

Au cours des interviews individuelles, diverses remarques des enfants attestent, selon l'auteur, «d'une conscience vive de la variation stylistique» (p. 169). Un certain nombre d'exemples[5] cités semblent effectivement soutenir cette hypothèse.

L'existence d'une sensibilité aux variations sociales, plus précoce que ne le pensait Labov, tend ainsi à se confirmer.

2. Les types d'attitudes.

Les attitudes des enfants diffèrent-elles de celles des adultes? Quand cette éventuelle différence disparaît-elle et sous l'influence de quels facteurs?

Les études consacrées à ces questions diffèrent par les méthodes utilisées et ne concernent pas toujours les mêmes tranches d'âge, ce qui explique peut-être la divergence des résultats. Nous présenterons ces études en suivant la chronologie du développement chez les enfants.

Cremona et Bates (1977) ont étudié les attitudes d'enfants du sud de l'Italie envers leur dialecte[6] (valmontanese) et l'italien officiel. L'échantillon comprend nonante-cinq enfants, garçons et filles, âgés de six (première année) à dix ans (cinquième année), originaires de Valmontane, petite ville dans la campagne du sud de Rome. A la maison, tous parlent le dialecte; la plupart sont de milieu ouvrier.

Les enfants sont confrontés à trois types de tâches:
- *Production*: on invite les enfants à commenter dix séries d'images, afin d'évaluer leurs performances en dialecte et en italien légitime.
- *Imitation*: on invite l'enfant à imiter une série de phrases en italien légitime ou dans un italien émaillé de traits dialectaux.
- *Jugement*: l'enfant entend huit paires de phrases, prononcées par un locuteur bilingue en dialecte et en italien. Ensuite, on lui demande: «Qui a le mieux parlé?».

Pour la production, les résultats montrent une diminution sensible des traits dialectaux, surtout de la première à la troisième année. Parallèlement, dans la tâche d'imitation, la conversion des traits dialectaux en italien légitime se révèle de loin plus fréquente que le phénomène inverse, et tend à augmenter avec l'âge.

Quant aux jugements, le choix de l'italien légitime est de l'ordre de 50 % à six ans, s'élève presque à 100 % dès l'âge de huit ans, et se maintient à ce niveau de huit à dix ans.

L'étude montre encore que les garçons produisent significativement plus de traits dialectaux que les filles — ce qui est conforme à ce qu'a établi Trudgill (1975) pour les adultes[7] — mais qu'ils n'émettent pas pour autant des jugements différents.

Les auteurs concluent que, dès l'âge de huit ans, « les Italiens du Sud ont appris à rejeter leur dialecte local à près de 100 %, au moins en situation scolaire » (p. 230)[8]. La restriction est d'importance, car, en interrogeant les enfants à l'école, on ne se trouve évidemment pas dans des conditions favorables pour voir émerger des attitudes positives vis-à-vis d'une variété linguistique qui est rejetée de ce contexte. Les circonstances ne se prêtent guère non plus à la manifestation d'une norme « inavouable » de prestige (*covert prestige*). On peut se demander, au-delà de cet aspect, si le schéma expérimental utilisé permet de conclure à un « rejet du dialecte italien ». Certes, quand on leur demande de comparer italien et dialecte, les enfants préfèrent massivement l'italien. Faut-il pour autant parler d'un « rejet » du dialecte ?

« Le schéma de choix forcé de toutes les enquêtes nous informe sur le code préféré du sujet, il ne nous informe pas sur les attitudes des sujets envers le code qu'il n'a pas choisi. » (Day, 1982, p. 124)[9].

Ainsi, si l'on demande à des enfants de huit-neuf ans d'évaluer deux variétés d'« anglais noir », l'une plus « standard » et l'autre moins, les enfants (blancs et noirs) évaluent plus favorablement le dialecte noir « standard » que le moins « standard » sur une série d'échelles bipolaires. Dans ce contexte, le dialecte noir standard, si souvent « rejeté », se verrait donc l'objet, selon la terminologie généralement adoptée, d'attitudes positives (Light, Richard et Bell, 1978).

Et Day poursuit, en notant :

« Nous ne pouvons inférer de telles études (les études comparatives à choix forcé) que les enfants des minorités linguistiques n'aiment pas ou n'apprécient pas leurs codes linguistiques premiers. Le plus que nous puissions dire est qu'ils en sont venus à reconnaître la valeur de la langue dominante, dans les limites de la situation de recueil des données et des dimensions du schéma de recherche. » (p. 125)[10].

Cette remarque, à laquelle nous souscrivons entièrement, ne concerne pas, à l'évidence, les seuls travaux relatifs aux attitudes des enfants. Elle s'applique, sans exception, à toutes les recherches qui établissent le caractère positif ou négatif des attitudes envers deux ou plusieurs variétés linguistiques sur la seule base de leurs évaluations relatives.

Qu'en est-il des sujets un peu plus âgés ? En 1964, Anisfeld et Lambert ont étudié les réactions d'enfants canadiens francophones âgés de dix ans envers le français et l'anglais. Suivant la technique du *locuteur masqué*, un même texte était lu par des locuteurs bilingues en anglais et en français québécois. La moitié des enfants étaient bilingues et l'autre moitié ne parlaient que le français.

En bref, les enfants bilingues font très peu de distinction entre locuteurs anglophones et francophones. En revanche, les enfants monolingues évaluent systématiquement les locuteurs francophones de façon plus favorable (sur toutes les échelles, sauf la taille). Pour Lambert, il est donc clair que:

«A l'opposé des juges en âge d'études supérieures, les enfants francophones canadiens de dix ans n'ont pas une image négative de leur propre groupe»[11] (p. 221).

On soulignera que, à l'inverse de ce qui se passe dans la situation italienne (Cremona et Bates), les enfants francophones canadiens peuvent bénéficier d'un enseignement dans la langue sur laquelle porte l'évaluation. Cette différence, ainsi que l'utilisation de méthodes distinctes, explique peut-être la divergence entre les résultats de Cremona et Bates (1977) et ceux d'Anisfeld et Lambert (1964).

Poursuivant ses recherches, Lambert (Lambert, Franckel et Tucker, 1966) s'est ensuite demandé à partir de quel âge apparaissaient les attitudes négatives à l'égard du français chez les Canadiens francophones (étudiants et adultes d'enseignement supérieur), telles qu'elles se sont manifestées dans Lambert, 1960; Preston, 1963; D'Anglejan et Tucker, 1973.

Trois cent septante-cinq filles, Canadiennes francophones, âgées de neuf à dix-huit ans, ont été invitées à évaluer des locuteurs lisant un texte en anglais et en français québécois. Certaines étaient bilingues, d'autres monolingues; certaines venaient d'un milieu élevé (école privée — *upper-middle class*) et d'autres d'un milieu ouvrier (école publique — *working class*).

Il ressort de cette étude qu'en moyenne la préférence pour les locuteurs anglophones apparaît aux alentours de douze ans et qu'elle se maintient de douze à dix-huit ans. Cependant, les attitudes sont différentes selon le milieu d'origine des adolescentes: les filles de classe aisée montrent de nettes préférences pour l'anglais dès douze ans, tandis que les filles de milieu ouvrier affectent une préférence moins marquée et moins durable pour l'anglais. Ce dernier résultat souligne une fois de plus la nécessité de diversifier les échantillons de juges: on ne peut prendre pour attitudes d'une communauté les attitudes d'un groupe (par exemple, les étudiants universitaires) non représentatif de l'ensemble de la communauté[12].

Enfin, dans une étude que nous avons déjà eu l'occasion de commenter, Giles (1971) s'interroge (entre autres) sur les différences d'évaluation de trois accents selon l'âge: BBC, accent sud-écossais et accent du Somerset.

Parmi les nonante-six sujets qui composent l'échantillon, la moitié sont âgés de douze ans et l'autre moitié de dix-sept ans.

Les comportements se distinguent selon l'âge. Pour cinq traits (*apparence physique, ambition, intelligence, sûreté de soi, détermination*), les juges âgés de dix-sept ans évaluent l'accent légitime BBC plus favorablement, et les deux accents régionaux moins favorablement, que le groupe des enfants de douze ans. Ces résultats vont dans le même sens que ceux de Lambert (1966): renforcement progressif avec l'âge de la tendance à évaluer plus favorablement la variété légitime que les variétés dominées.

Les enseignements de la littérature peuvent se résumer ainsi:

1. La sensibilité aux variations sociales, qui fait partie intégrante de la compétence à communiquer, apparaît de façon précoce chez l'enfant, si l'on en juge par ses tentatives d'adapter son style de discours en fonction du contexte social.

2. Les conceptions et les attitudes des enfants prennent parfois des formes différentes de celles des adultes et l'on observe généralement une évolution avec l'âge (surtout à partir de douze ans) vers une plus grande conformité aux normes subjectives adultes. En ce domaine, toutefois, il convient d'être particulièrement prudent et plus que jamais attentif à la diversité que recouvre le vocable d'attitudes.

Chacun prétend en fait inférer des «attitudes linguistiques» à partir de questions aussi diverses que «qui inviterais-tu à ton anniversaire?», «lequel des deux parle le mieux?» ou encore «lequel des deux est le plus intelligent, le plus sympathique...?» La difficulté d'éliciter les attitudes des enfants, surtout s'ils sont très jeunes, conduit, pour cette tranche d'âge, à utiliser davantage de méthodes différentes qu'avec les adultes, ce qui rend plus périlleuse encore la comparaison des résultats.

Par ailleurs, la diversité des situations linguistiques représentées (Ecosse, Italie, Canada) ne permet guère d'envisager de tracer (cela n'aurait guère de sens) un profil de «l'évolution des attitudes linguistiques de l'enfance à l'adolescence»[13]. Sur ce point, on ne peut que regretter l'absence d'études longitudinales.

Enfin, les résultats de Cremona et Bates, d'une part, de Lambert, Franckel et Tucker (1966), d'autre part, soulignent l'intérêt d'une prise en considération, dans l'étude des attitudes linguistiques des enfants, des variables sexe et milieu social.

II. CONTRIBUTION EMPIRIQUE.

1. Contexte.

Avant de passer à une description de notre enquête et de ses objectifs, il convient de dresser un tableau rapide de la situation linguistique de la Belgique francophone, qui constitue notre terrain d'étude. On entend souvent évoquer le cas de la Belgique à l'étranger, en raison des problèmes de bilinguisme soulevés par la coexistence de deux langues nationales[14], le français et le néerlandais, notamment dans la capitale, Bruxelles. Les querelles entre communautés linguistiques francophone et néerlandophone alimentent d'ailleurs régulièrement la vie politique belge. Notre enquête n'est pas concernée au premier chef par ces tensions, puisque nous nous sommes intéressée au cas des locuteurs liégeois. A Liège, en effet, ces tensions linguistiques entre francophones et néerlandophones paraissent, à certains égards, bien lointaines[15]. La prise en considération de cette frontière linguistique constitue toutefois un obstacle incontournable si l'on veut comprendre, même de manière grossière, ce qui fait la spécificité de la situation linguistique belge. Jusqu'à la fin du XIXe siècle, les francophones ont exercé en Belgique une domination linguistique incontestable[16]. La seule langue des institutions est le français[17], la bourgeoisie flamande parle exclusivement le français; mieux, jusqu'en 1932, la seule langue d'instruction, dans l'enseignement supérieur, en Flandre comme en Wallonie, est le français. Cette situation, au cours du siècle, s'est progressivement modifiée, en même temps que la Flandre opérait son développement économique. Aujourd'hui dominée économiquement par la Flandre, la partie francophone du pays (Wallonie et Bruxelles) n'exerce plus de prééminence dans le domaine linguistique et culturel[18]. Il doit sans doute rester cependant aux locuteurs francophones, quand on envisage leur relation aux locuteurs néerlandophones[19] un vague sentiment de domination où se mêlent le souvenir d'un passé encore récent, et la «supériorité» que confère objectivement et subjectivement le fait d'avoir pour langue maternelle une langue de grande diffusion internationale.

La région liégeoise en elle-même se caractérise par une situation de bilinguisme wallon-français. Mais le dialecte wallon, s'il reste compris par une fraction assez large de la population[20], n'est plus guère pratiqué. Enfin, la région, comme les autres régions de Belgique et de France, se distingue par l'utilisation d'un *régiolecte* (voir note 3, page 18), forme régionale de français caractérisée par un «accent»[21], par des tournures lexicales et syntaxiques particulières[22]. On peut penser, en une première approximation, que le régiolecte liégeois, à l'instar d'autres régiolectes belges ou français, subit la domination linguistique du français «légitime» (souvent assimilé au français des Parisiens cultivés)[23]. Il est vraisemblable que les Liégeois, comme les Québécois (Lambert, 1960; Preston, 1963; D'Anglejan et Tucker, 1973), comme les Français de la région de Lille ou de la Réunion (Gueunier et al., 1978), éprouvent à l'égard de leur régiolecte des attitudes négatives et souffrent donc d'un sentiment d'insécurité ou d'indignité linguistique. Mais c'est à l'enquête qu'il appartiendra de le démontrer.

2. Objectifs[24].

A. L'un des objectifs principaux de l'enquête est donc de dresser un tableau des attitudes ou normes subjectives des locuteurs liégeois envers leur propre régiolecte: comment évaluent-ils certaines caractéristiques du régiolecte wallon par rapport à d'autres variétés régionales belges (par exemple: le bruxellois) ou françaises (le provençal, le parisien, ou, d'une façon plus générale, les formes linguistiques reconnues comme légitimes)? Dans quelle mesure sont-ils conscients que les formes régionales sont précisément des formes régionales et donc marquées du sceau de l'illégitimité? Comment évaluent-ils leurs propres pratiques linguistiques en regard de ce qu'ils estiment être les formes «correctes», «normales», ou «normées»?

B. On ne peut cependant restreindre l'illégitimité linguistique aux seules formes régionales. Beaucoup de formes sont tenues pour «incorrectes», «illégitimes», «familières» ou «vulgaires», non parce qu'elles sont l'apanage des locuteurs d'une région, mais parce qu'elles sont pratiquées le plus souvent par les locuteurs appartenant aux couches sociales défavorisées[25]. A côté des attitudes à l'égard des variétés régionales, nous nous sommes donc aussi intéressée aux attitudes relatives à certaines caractéristiques des sociolectes populaires. En outre, nous avons tenté d'opérer un rapprochement entre ces deux types d'attitudes. Si des attitudes négatives sont attachées aux variétés régionales belges et aux particularités des sociolectes populaires, quelle hiérarchie observe-t-on entre les unes et les autres? Est-il plus ou moins «grave», plus ou moins «illégitime», aux yeux de nos sujets, de «parler populaire», «familier» ou de parler «belge» ou «liégeois», pour quels locuteurs, et dans quels contextes?

C. Pour l'ensemble des questions que nous venons d'évoquer, il est intéressant d'étudier comment se mettent en place les représentations, les attitudes, les normes subjectives et l'auto-évaluation aux différents âges. A partir de quel âge les enfants se montrent-ils conscients que la chose linguistique obéit à certaines règles, à certaines normes? Quels sont leurs critères d'illégitimité? Si des sentiments négatifs se manifestent envers les particularités linguistiques, sociales et régionales, à partir de quand apparaissent-ils et sous quelles formes? En outre, si l'on part de l'hypothèse que l'école exerce, en matière linguistique, une fonction normalisatrice, peut-on mesurer ses effets aux différents niveaux scolaires? L'école contribue-t-elle, et réussit-elle, à uniformiser non seulement les pratiques, mais les attitudes, le système d'évaluation linguistique?

3. Echantillon

Les élèves testés (n = 123), issus de diverses écoles de la région liégeoise, constituent quatre groupes de niveaux scolaires distincts:
- primaire inférieur (n = 31). Les élèves (18 garçons, 13 filles) fréquentent la deuxième année primaire; ils sont, en moyenne, âgés de 8 ans et demi;
- primaire supérieur (n = 31); les élèves (16 garçons, 15 filles) sont en cinquième ou sixième année primaire; ils sont, en moyenne, âgés de 12 ans;
- secondaire inférieur (n = 31). Les élèves (17 garçons, 14 filles) fréquentent la première ou la deuxième année de l'enseignement secondaire, leur âge moyen est de 14 ans;
- secondaire supérieur (n = 30). Les élèves (13 garçons, 17 filles) sont inscrits en cinquième ou sixième année de l'enseignement secondaire. Ils sont, en moyenne, âgés de 18 ans.

Au sein de chaque groupe d'âge[26], on compte des élèves issus de différentes strates sociales, comme le montre le tableau n° 1.

Au niveau secondaire, l'échantillon[27] comporte en outre des élèves qui fréquentent des filières d'enseignement distinctes.

La répartition est la suivante:
- secondaire inférieur: enseignement général (n = 23), technique (n = 2), professionnel (n = 6);
- secondaire supérieur: enseignement général (n = 25), technique (n = 5).

Tableau 1
Répartition des élèves, par niveau scolaire, selon la profession du père

Classes sociales	Prim. inf. n = 31	Prim. sup. n = 31	Second. inf. n = 31	Second. sup. n = 30
Classe populaire (ouvrier qualifié ou non).	50 %	30 %	37 %	25 %
Classe moyenne (employé, petit commerçant).	29 %	37 %	33 %	25 %
Classe supérieure (enseignant, cadre, professions libérales).	17 %	30 %	23 %	50 %
Catégorie sociale non précisée.	4 %	3 %	7 %	-
Total	100 %	100 %	100 %	100 %

4. Recueil des données.

Les données ont été recueillies, dans les écoles, par six expérimentateurs différents[28], étudiant(e)s en psychologie ou en sciences de l'éducation à l'Université de Liège, au cours d'un entretien oral individuel. Les réponses fournies par les élèves ont été enregistrées et ensuite retranscrites intégralement.

A propos du mode de recueil des données, il ne fait pas de doute que la personnalité des différents enquêteurs a pu jouer un rôle sur le genre de réponses recueillies.

Par ailleurs, et plus fondamentalement, le fait que les données aient été enregistrées à l'école influence incontestablement la nature des réponses produites.

Nous avons suffisamment insisté dans le chapitre I sur le rôle essentiel du contexte pour y revenir ici. Les données recueillies à l'école ont donc une valeur éminemment relative, et il conviendra d'être circonspect dans toute tentative de généralisation. Mais ces données ont néanmoins une valeur et une signification sociale propre. En écrivant cela, nous nous inscrivons en faux contre la tendance qui s'est développée, à la suite des travaux de Labov (1976), à considérer comme dénuées de valeur les observations réalisées en milieu scolaire, et même, plus généralement, en contexte surveillé.

Nous ne pouvons en effet être d'accord avec Labov, lorsqu'il parle de «déformations produites par l'interview linguistique formelle»

(1976, p. 116). L'interview linguistique formelle in-forme les données, tout comme le fait la conversation spontanée entre pairs, elle ne les dé-forme pas[29]. Il n'existe pas de formes pures et de formes altérées.

Pour nous, l'objet de la recherche linguistique, loin de se limiter aux comportements observés en situation informelle, doit être élargi à la description de toutes les contraintes exercées sur les productions linguistiques, dans tous les contextes, formels ou informels, tendus ou détendus, scolaires ou non scolaires.

Comme le note Bourdieu:

« Rien n'autorise donc à voir la « vraie » langue populaire dans l'usage de la langue qui a cours dans cet îlot de liberté où l'on se donne licence (mot typique des dictionnaires) parce qu'on est entre soi et qu'on n'a pas à se « surveiller ». La vérité de la compétence populaire, c'est aussi que, quand elle est affrontée à un marché officiel, comme celui que représente, sauf contrôle exprès, la situation d'enquête, elle est comme anéantie » (1982, p. 67).

Dans le cas de notre propre enquête, le choix de l'école comme terrain de « recueil », paraît non seulement défendable, mais inévitable. C'est que nous nous intéressons en priorité à des attitudes et représentations étroitement liées à la réalité scolaire et susceptibles à tout moment d'intervenir dans la façon dont les différents partenaires (maîtres/élèves), les différents groupes (classes sociales, locuteurs masculins et féminins) comprennent les situations linguistiques de la classe, y produisent des réponses, réagissent et classent les productions des autres locuteurs. Loin d'être un « biais », le contexte scolaire est propre à révéler de façon particulièrement nette les phénomènes qui nous intéressent.

5. Epreuves[30].

Pour pouvoir comparer l'évolution des normes subjectives avec l'âge, on devrait idéalement poser les mêmes questions à tous les niveaux. En pratique, cet objectif est difficilement réalisable. A supposer que l'on s'impose cette contrainte formelle, il est évident qu'au mieux une même question sera comprise différemment selon l'âge, et, qu'au pire, elle ne sera pas comprise par les plus jeunes. A l'opposé, en posant des questions trop enfantines à des adolescents, on s'expose à des refus ou à une déconsidération générale de l'interview. C'est pourquoi il n'existe pas une continuité et une équivalence parfaites entre les questions posées aux différents niveaux[31]. Pour les plus jeunes, il a notamment fallu raccourcir l'entretien: on ne peut imposer à un enfant de sept ans un entretien d'une heure et demie.

La structure de l'entretien est cependant la même à tous les niveaux. Il comprend des questions sociolinguistiques d'une part, des épreuves de production d'autre part[32].

A. *Questions sociolinguistiques*[33].

Sous cette appellation sont regroupées différentes questions et épreuves couvrant divers domaines:
1. *Qu'est-ce que parler avec un accent? Y a-t-il des gens qui parlent sans accent?* (Questions ouvertes).
2. Auto-estimation: *l'élève aime-t-il sa façon de parler ou souhaiterait-il parler autrement?* (Question ouverte, non posée au primaire inférieur).
3. *Parle-t-on de la même façon en classe ou dans la cour de récréation? Pourquoi ne peut-on dire certaines choses en classe? Lesquelles?* (Questions ouvertes, non posées au secondaire supérieur).
4. *Le scriptible*: l'épreuve (questions fermées, non posées au secondaire supérieur) comporte cinq phrases, dérogeant à différents types de normes, à propos desquelles il est demandé à l'élève d'estimer si, à son avis, on peut les écrire dans un livre.
5. Epreuve *français/pas français* (questions fermées, non posées en début de primaire). On soumet à l'élève dix phrases comportant différents types d'infractions[34] et on lui demande de juger si celles-ci sont françaises ou non, et d'expliquer pourquoi.
6. *Le jeu Télé*: (questions fermées, non posées en début de primaire) l'objectif est de déterminer les valeurs sociales associées à des variantes linguistiques. On présente à l'élève dix paires de variantes contrastées[35] et on lui demande de juger laquelle des deux variantes convient le mieux pour une présentatrice de la télévision.
7. *Normes subjectives et auto-identification* (non posées en début de primaire).

Huit paires de variantes contrastées sont soumises à l'élève et on lui demande d'indiquer:
1. quelle est la différence entre les deux variantes;
2. laquelle des deux variantes représente sa façon habituelle de parler;
3. laquelle des deux variantes est la plus correcte.

L'objectif est, d'une part, de saisir les normes subjectives des élèves (leur conception de la correction correspond-elle aux variantes légitimes?), d'autre part de tester dans quelle mesure ceux-ci ont tendance à identifier leurs pratiques à ce qu'ils pensent être la norme.

Par ailleurs, en confrontant les pratiques des élèves observées dans les épreuves de production (voir ci-dessous) avec ce qu'ils affirment être leurs pratiques habituelles, on évaluera dans quelle mesure ils sont portés à se surestimer ou à se sous-estimer.

B. *Epreuves de production.*

Afin de recueillir des productions verbales diversifiées, nous avons joué, à la manière de Labov, sur le degré de formalité des contextes et nous avons invité chacun des sujets :
- à raconter un épisode personnel chargé d'émotion (épisode où il a eu très peur, s'est trouvé en danger de mort);
- à lire un texte à voix haute[36], comme s'il était en classe (voir textes en annexe, p. 143-144).

Sur la base de ce récit et de cette lecture, on estimera, d'une part, dans quelle mesure le sujet interviewé possède un accent régional, d'autre part, à quel point il modifie sa façon de parler lorsqu'on passe d'un contexte relativement peu formel à un contexte qui l'est davantage.

Outre l'accent, le texte comporte une variable (/il/vs/i/)[37] qui a fait l'objet d'une auto-identification par l'élève et pour laquelle une comparaison entre pratique en situation formelle et auto-identification sera envisagée.

6. Hypothèses générales.

L'examen des indications fournies dans la littérature nous a conduite à envisager l'incidence, sur les normes subjectives, des trois variables suivantes :
- sexe
- milieu social d'origine
- type d'enseignement fréquenté (enseignement général *vs* enseignement technique ou professionnel).

7. Discussion des résultats.

A. *Evolution des normes subjectives avec l'âge.*

Quand on examine les réponses apportées par les élèves à différentes questions de l'enquête[38], on ne laisse pas d'être frappé par la *précocité* avec laquelle les enfants ont recours, en matière linguistique, à des jugements normatifs. Dès l'âge de huit ans, plusieurs enfants évoquent spontanément, dans leurs commentaires, le «*bien* parler» et le «*bien* écrire», en subordonnant d'ailleurs le premier au second.

- « *Quand on est grand, si on ne sait pas lire, on ne sait pas parler, on ne sait pas bien parler* ».
- « *Si on ne sait ni lire, ni écrire, on ne sait pas bien parler* ».
(Elèves de début primaire).

Presque tous les enfants, même les plus jeunes, reconnaissent qu'on ne peut parler de la même façon en classe et dans la cour de récréation, ou se montrent capables de trancher, de façon nette, entre les phrases qu'on peut ou ne peut pas écrire dans un livre. Quelques-uns distinguent déjà, dès ce niveau, « bons » et « mauvais » livres.

- « *Vous l'avez peut-être vue, cette phrase-là, mais dans un mauvais livre* ».
(Elève de début primaire.)

Incontestablement, les enfants, même très jeunes, ont conscience que la chose linguistique est soumise à un certain nombre de règles ou de normes.

Cette précocité ne doit cependant pas abuser. En entendant les enfants évoquer le « bien parler » / « bien écrire » ou distinguer « bons » et « mauvais » livres, on pourrait être tenté de considérer que les enfants ont acquis, dès un âge précoce, l'essentiel des jugements adultes : or ce n'est pas parce que les enfants utilisent les mêmes étiquettes que ces étiquettes recouvrent la même réalité. Au contraire, les représentations et les attitudes des enfants offrent, jusqu'à un âge avancé, un caractère irréductible avec ce que l'on suppose, faute d'études sur ce point, être leurs équivalents adultes. Ainsi, le premier système de normes[39] est manifestement placé sous un double signe : celui de la *politesse* et de la *vérité*. Ce premier système n'a donc rien de spécifiquement linguistique[40]. Ne peuvent se dire les gros mots, les méchancetés; ne peuvent s'écrire les phrases comportant des mots vulgaires ou référant à des réalités inconcevables d'un point de vue éthique (*cracher à la figure de son père, battre son chat*). Pour 90 % des enfants de huit ans, *il a craché à la figure de son père* ne peut pas s'écrire dans un livre; en effet, « *on ne peut pas cracher* », « *ce n'est pas bien* », « *ça va donner le mauvais exemple* ».

Ne sont pas françaises les phrases qui énoncent des contre-vérités (*Le cercle est carré; Ceci n'est pas un bic*)[41] ou bien celles qui comportent des mots vulgaires (*Je l'emmerde...*). A côté de cela, les phrases qui comportent des infractions d'ordre strictement linguistique, phrases agrammaticales ou non légitimes, sont considérées, par les plus petits, comme dignes de figurer dans un livre, bien plus que les phrases « impolies » ou « mensongères »[42]. Ceci reste encore largement vrai à douze et quatorze ans, où des phrases comportant des mots à connotation vulgaire restent jugées plus indésirables dans un livre que *Christine a tombé sur la tête et elle s'est faite un crin*. De même, à douze et quatorze ans, il se trouve encore une proportion notable d'élèves pour considérer comme non françaises les phrases fausses (*le cercle est carré*) ou vulgaires (*Je l'emmerde*), ou pour les juger, en tout cas, moins françaises que par exemple *Si j'aurais su, je ne serais pas venu*. Sur ce point, c'est seulement chez les élèves de dix-huit ans qu'apparaît une distinction nette entre les phrases agrammaticales ou non légitimes (jugées non françaises par une majorité) et les phrases paradoxales ou relevant d'un registre vulgaire (jugées françaises par une majorité). La capacité précoce d'émettre un jugement de type normatif n'empêche pas que les systèmes de représentations des enfants et des adultes diffèrent; et le rapprochement entre ces deux systèmes est tardif (entre quatorze et dix-huit ans).

Jusqu'à un âge avancé, dans des proportions variables, bien entendu, les jugements portés sur le linguistique souffrent d'une relative confusion entre linguistique et non linguistique[43]. Est jugé grave, dans le domaine linguistique, ce qui est jugé grave, surtout de la part d'un enfant, dans cette frange indistincte où se mêlent indissolublement le comportement et le langage : dire des gros mots ou des injures, et mentir[44]. Ce n'est que très progressivement que l'on verra les enfants appliquer à la chose linguistique des critères spécifiques (*ce n'est pas correct, ce n'est pas français*). Certains commentaires des enfants nous donnent d'ailleurs à penser qu'ils apprennent à éliminer de leur langage un certain nombre d'infractions d'ordre linguistique en leur appliquant d'abord le même principe qu'aux impolitesses et aux mensonges : on ne peut pas utiliser certaines formes (par exemple, réaliser *oui* /wɛ/) parce que ce n'est pas «beau». En effet, quand on interroge les élèves sur les raisons qui font que certaines choses ne peuvent se dire ou s'écrire, le principal argument, surtout chez les plus jeunes, est un argument essentialiste : *c'est laid, impoli* (pour les gros mots), *ce n'est pas vrai* ou *ce n'est pas possible* (pour les «mensonges»). Comme Piaget (1978) l'a montré à propos des règles du jeu de billes, les petits confèrent à la règle un caractère sacré et immuable dans le temps et dans l'espace, indépendant des personnes qui l'ont énoncée. Ils recherchent dès lors l'origine de la loi dans l'objet même (*c'est laid parce que c'est laid*) et non dans des personnes ou des situations extérieures à la loi. Dans ce domaine aussi, ce n'est que progressivement, à douze et à quatorze ans, que l'on voit apparaître des justifications des normes linguistiques autres qu'essentialistes, qui en soulignent le caractère social : si certaines choses ne peuvent se dire en classe, c'est à cause de la différence de statut entre maître et élève, ou parce que l'école a une fonction normative :

- « *Ce sont des personnes plus âgées que nous, on doit avoir du respect pour eux.* »
- « *Ils essaient de nous apprendre à parler comme ils le souhaiteraient et c'est pas les mots qu'ils aiment entendre.* »
(Elèves de secondaire inférieur.)

Jusqu'aux alentours de douze ans, on a l'impression que les enfants ont tendance à concevoir que certaines choses ne peuvent se dire, d'une façon absolue, quelles que soient la situation où l'on se trouve, et la personne à qui l'on s'adresse. A quatorze ans et à dix-huit ans, les élèves, du moins certains d'entre eux ont, en revanche, une conscience claire que le comportement linguistique obéit à des critères d'adéquation au contexte.

- « *Dans la cour, quand on est entre hommes, on peut crier, tandis qu'en classe, on doit se maîtriser, on ne peut pas..., on doit se baisser, se laisser aller, sans rien dire, on doit accepter l'autorité, c'est normal...* »
- « *Je fais attention à ce que je vais dire: à qui je vais le dire, quels mots je vais employer, les tournures de phrases. Tout ça dépend de la personne avec laquelle je parle. Si je vais parler avec une amie ou un copain, je vais parler plus relax. Si je vais parler avec une personne plus âgée, je vais essayer de me faire comprendre quoi.* »
(Elèves de secondaire inférieur.)

Ce que nous venons de dire à propos des enfants de douze ans concerne, soulignons-le, leurs représentations du comportement linguistique et non ce comportement. Plusieurs études ont en effet montré (Bates, 1976; Ervin-Tripp et Mitchell-Kernan, 1977; Garnica et King, 1979) que les enfants, même très jeunes (quatre ans) pratiquaient de telles variations en fonction du contexte. Mais, comme dans d'autres domaines, il semble que la pratique reste largement inconsciente jusqu'à un âge bien plus tardif que celui auquel se manifestent les premiers comportements concernés. Pour un certain nombre d'aspects du comportement linguistique (nous y reviendrons), on peut soutenir que le locuteur, même adulte, n'atteindra d'ailleurs jamais une pleine conscience.

Voyons, à ce propos, comment les élèves conçoivent un phénomène comme l'accent régional[45]. Les plus petits sont conscients, du moins un certain nombre d'entre eux (48 %), qu'il s'agit là d'un phénomène linguistique, mais peu d'entre eux (environ un quart) arrivent à distinguer l'accent de la langue ou d'autres aspects.

- « *C'est la langue d'eux quoi, de leur pays, i ne savent pas parler comme nous, comme les Anglais qui ne savent pas parler comme nous, i parlent dans leur langue* ».
- « *Les Bruxellois, i parlent flamand* ».
- « *Je sais bien que c'est une langue des pays étrangers* ».
- « *C'est pour savoir des langues* ».
(Elèves de primaire inférieur.)

A douze ans, ils sont plus nombreux dans ce cas (une petite moitié); à cet âge, la conception qui domine apparemment est que «l'accent, c'est l'affaire des autres».

- *« Les Français, quand i parlent notre langue, iz-ont un petit accent. I ne savent pas bien prononcer ».*
- *« Ils (les Bruxellois) ont un accent. I ne parlent pas bien. I mettent toujours « t'sais » à la fin de certaines phrases ».*

(Elèves de primaire supérieur.)

Très peu d'enfants (moins de 10 %) se montrent conscients qu'il existe, en matière d'accent, une stigmatisation de l'usage des accents régionaux. De quatorze à dix-huit ans, cette tendance va progressivement s'inverser. Alors que le nombre d'élèves qui pensent que *l'on peut parler sans accent* évolue peu avec l'âge, on voit diminuer la conception *« à Liège, on n'a pas d'accent »*, tandis qu'augmente l'opinion *« les Français, les professeurs de français, les journalistes parlent sans accent »*.

De façon parallèle, on voit se développer, à quatorze et dix-huit ans, des attitudes négatives envers l'accent liégeois, en même temps qu'apparaît (à quatorze ans) un sentiment d'insécurité linguistique[46].

- *« J'aimerais bien parler autrement, pour être plus cultivé, peut-être. »*
- *« Parce que ça fait mieux, on dirait qu'on fait partie d'une classe cultivée. »*
- *« Je parle pas si bien que, je dirais un Français, quoi, il a plus l'habitude de parler. C'est du belge qu'on parle, ce n'est plus vraiment la langue française. »*

(Elèves de secondaire inférieur.)

Mais jusqu'à leur entrée dans l'enseignement secondaire, les enfants se montrent relativement satisfaits de leur façon de parler et n'associent pas, en tout cas, d'images négatives à l'accent caractéristique de leur région, du moins quand on évoque l'accent d'une façon globale[47].

L'apparition d'attitudes négatives envers l'accent liégeois — et l'émergence de l'opinion selon laquelle *« les Français parlent sans accent »* — ne se résout toutefois pas nécessairement en l'adoption d'attitudes positives envers l'accent français. Au contraire, plusieurs étudiants, tout en apportant la preuve qu'ils reconnaissent la valeur légitime de l'accent français sur le marché officiel, refusent de prendre cet accent pour modèle et lui préfèrent, du moins dans le cadre du marché local (les groupes de pairs liégeois), une forme d'expression plus régionale.

- *« Non, j'aime mieux comme je parle maintenant que parler comme y a des gens civilisés, tout ça j'aime pas. J'aime mieux parler comme on parle maintenant ici à l'école, et tout ça ».*

- *« J'aime bien comme je parle, parce que mes copains et tout ça, ils parlent souvent comme moi, parce qu'ils sont Liégeois, alors ils ont le même vocabulaire, le même langage que moi. »*
- *« Q : Tu aimerais mieux parler comme un Français ? »*
« Pas spécialement, parce que ici on parle bien comme on est, on se comprend, sans parler... »
(Élèves de secondaire inférieur.)

Pour ces jeunes, mieux vaut être accusé d'avoir l'accent wallon que de « fransquillonner »[48], l'idéal se situant sans doute, comme le diront quelques étudiants de dix-huit ans, dans cette évaluation tout impressionniste : *bien parler, c'est ne pas avoir* trop *d'accent.*

Précisons cependant que quand, dans les épreuves *télé* et *auto-identification*, on soumet à l'appréciation des élèves deux variantes, l'une légitime, l'autre non, une très large majorité des sujets[49], dès douze ans, et quasi tous les étudiants de quatorze à dix-huit ans[50] préfèrent la version avec accent légitime à celle avec accent liégeois. Ainsi, même si ne s'expriment pas, d'une façon générale, d'attitudes ouvertement négatives envers l'accent liégeois, cela n'empêche pas les jeunes locuteurs, dès douze ans, de reconnaître moins de prestige à l'accent régional qu'à l'accent légitime. Ces deux comportements ne sont d'ailleurs pas contradictoires. D'un côté, il se peut que, confrontés à deux enregistrements, les locuteurs produisent un jugement sans se rendre compte qu'ils évaluent ainsi l'accent régional[51]. D'un autre côté, le fait de considérer l'accent légitime comme plus adéquat pour une speakerine, ou comme plus correct, n'implique pas que les mêmes normes évaluatives jouent dans d'autres contextes. Ce qui est jugé bon pour une speakerine n'est pas nécessairement jugé bon pour l'usage personnel ou le « parler ordinaire ». En d'autres termes, les attitudes qui s'expriment par rapport à un marché (ici la télévision) ne sont pas automatiquement d'application sur d'autres marchés (l'usage en famille, ou entre amis).

Des attitudes négatives envers l'accent régional se manifestent-elles et si oui, à partir de quel âge ? La réponse ne peut qu'être nuancée. Dès douze ans, quand on propose aux enfants de choisir entre variante légitime et variante régionale, ils préfèrent systématiquement la variante avec accent légitime. En revanche, si l'on évoque d'une façon générale le phénomène de l'accent, les attitudes négatives envers l'accent régional n'apparaissent qu'à quatorze ans et surtout à dix-huit ans, où elles restent cependant rares.

- *« L'accent liégeois, ça c'est un accent terrible, je trouve que c'est dommage d'avoir un accent pareil. »*

- « *Un Sérésien, ça fait assez vulgaire, alors y en a d'autres, les Liégeois, qui disent : je vais à Liéche, au lieu de dire : je vais à Liège...* »
(Elèves de secondaire supérieur.)

Du point de vue méthodologique, cet exemple illustre on ne peut mieux à quel point l'utilisation de méthodes différentes peut influer sur les résultats obtenus. Au-delà des méthodes, la différence de résultats peut s'expliquer par le fait que dans un cas, il est explicitement fait mention du marché officiel (la télévision, ou, *via* la notion de correction, l'école); dans l'autre, il n'est fait référence à aucun marché particulier et l'élève est donc libre d'évoquer d'autres situations que les situations officielles, où le fait de s'exprimer avec un accent régional n'est pas perçu négativement, mais peut représenter au contraire un signe d'intégration à la communauté locale.

- « *Quand je pense avoir l'accent de Liège, c'est toujours péjoratif, on y pense péjorativement, mais des trucs comme l'accent français, pour moi c'est un accent étranger, donc ça ne convient pas pour moi.* »
- « *Bien sûr, je sais parler comme les Parisiens. Par exemple, à Paris, ils parlent tous comme ça* (il imite) *et ils ne pensent qu'à leur aspect extérieur, ils n'ont peut-être rien à l'intérieur.* »
- « *Ce n'est pas parce qu'on a l'accent de Seraing qu'on va s'en faire.* »
- « *Ce serait monotone, moi je trouve que ça a son charme, j'aimerais autant garder le mien, mais parfois on se laisse influencer...* »
(Elèves de secondaire supérieur.)

La capacité de juger de la plus grande valeur de certaines variantes sur le marché officiel, et ce dès un âge précoce (douze ans), s'étend à d'autres variables que l'accent régional. Dès douze ans, les élèves se montrent capables d'identifier correctement les formes légitimes comme plus prestigieuses ou plus correctes, dans le domaine lexical (registre de langue familier *vs* soutenu, mots précis *vs* mots passe-partout), syntaxique (*savoir ce que vs qu'est-ce que; j'ai tombé vs je suis tombé*, négation simple *vs* composée, détachement ou non), morphologique (/*il*/-/*i*/,/*prāre*/*vs*/*prādre*/), et dans celui des liaisons facultatives (*c'est un ami vs c'est̬ un ami*). On observe certes quelques faibles différences avec l'âge, mais pour les variables citées, on peut dire que les enfants, dès douze ans, émettent des jugements pratiquement conformes, selon toute vraisemblance, à ceux des adultes. Pour ces variables, on peut penser que l'école (entre autres) réussit à doter les élèves, assez rapidement, d'un système d'attitudes communes (reconnaissance de la plus grande « valeur » des variantes légitimes), quelles que soient leurs pratiques respectives.

Il n'en va cependant pas ainsi de toutes les variables. Aux différents niveaux, on observe un goût pour les hypercorrectismes /*kadzāplwa*/

(vs/katrãplwa) et je me suis permise (vs je me suis permis) Pour /kadzãplwa/, l'attirance diminue avec l'âge; en revanche, *je me suis permise* recueille de plus en plus de suffrages (90 % à dix-huit ans). Dans un autre domaine, la réalisation du /O/ en syllabe ouverte finale (dans *vélo* par exemple), une majorité d'élèves considèrent la variante régionale /ɔ/ comme plus correcte que la variante légitime (/o/). Dans ces deux derniers cas *(je me suis permise* et /ɔ/), il est clair que les variantes non légitimes sont néanmoins pratiquées, en Belgique notamment, par un certain nombre de locuteurs «cultivés», y compris (surtout pour /O/), par un certain nombre d'enseignants. Les élèves ne se trompent dès lors pas vraiment quand ils assignent valeur de prestige à ces variantes.

Quoi qu'il en soit, dès douze ans, les élèves sont, en général, capables d'identifier correctement où se situent les variantes légitimes pour des phénomènes linguistiques relevant de différents domaines (lexique, syntaxe, morphologie, liaisons). Cette capacité est évidemment relative à la nature des phénomènes soumis à leurs jugements; peu d'enfants de douze ans parviendraient à distinguer que /nɥi/ est plus «correct» que /nwi/, ou *pallier les inconvénients* que *pallier aux inconvénients*. En d'autres termes, cette capacité dépend sans doute en grande partie des corrections que l'enfant s'est entendu adresser chez lui ou à l'école; dans les domaines où l'école et le milieu familial interviennent moins, la capacité de repérer les variantes légitimes sera moindre. C'est vraisemblablement ce qui se produit dans le cas de la prononciation de mots comme *pot, sot, vélo*, etc., où les étudiants considèrent la variante régionale comme la plus correcte.

Nous avons vu que les élèves de douze ans sont capables de repérer, pour un ensemble de variables, laquelle, de deux variantes, représente la forme légitime, dans des proportions peu dissemblables des élèves de quatorze et dix-huit ans. Des différences apparaissent-elles lorsqu'il s'agit, non plus d'identifier la «forme correcte», mais, pour les élèves, d'identifier leurs propres pratiques linguistiques?[52]. A ce propos, on constate une évolution importante avec l'âge. A douze ans, les enfants identifient étroitement leurs pratiques à ce qu'ils estiment, parfois à tort, souvent à raison, être la façon correcte de parler. Avec l'âge, on voit les élèves reconnaître progressivement, dans des domaines de plus en plus nombreux, qu'ils prennent habituellement des libertés avec ce qu'ils pensent être la norme. Ainsi, à douze ans, le seul domaine où les élèves avouent ne pas toujours ou presque toujours se conformer à la norme (26 % d'entre eux) est celui de l'emploi de termes familiers et «jeunes» comme *emmerde*. A quatorze ans, la proportion de ceux qui reconnaissent pratiquer une telle variation a doublé (52 %) et les élèves admettent la variation dans d'autres domaines (accent régional, négation simple ou composée, réalisation du pronom en /il/ ou /i/). Il en va de même à dix-huit ans, mais c'est toujours dans le domaine du registre lexical (*ennuie vs emmerde*) que l'identification aux formes non légitimes reste la plus élevée (80 % des étudiants de dix-huit ans).

On pourrait épiloguer sur la question de savoir si les élèves n'avouent pas pratiquer la variation dans divers domaines, bien qu'ils en aient conscience, ou s'ils n'en ont tout simplement pas conscience. Pour les élèves de douze ans, le fait qu'un certain nombre d'entre eux reconnaissent utiliser *emmerde* incite à croire que les enfants ignorent largement les variations qui affectent d'autres secteurs que le lexical. En effet, comme nous l'avons déjà exposé, jusqu'à au moins douze ans, la forme archétypale de l'interdit linguistique est le gros mot. Si, dans ce domaine, central à leurs yeux, les enfants de douze ans sont prêts à reconnaître qu'ils enfreignent la variété légitime, il semble qu'ils en feraient de même pour d'autres types de variations linguistiques, dès lors qu'ils seraient conscients de leur existence. En retour, le fait que seule la variation *ennuie/emmerde* soit avouée renforce notre sentiment que jusqu'à douze ans les enfants se représentent principalement la variation linguistique comme une alternance *poli/pas poli* et *vrai/pas vrai*.

Mais revenons-en à la façon dont les élèves situent leurs pratiques par rapport à ce qu'ils estiment être la façon correcte de parler. Il ne fait aucun doute que quand les élèves, surtout les plus jeunes, identifient leurs pratiques à ce qu'ils pensent être la norme (et qui représente effectivement, la plupart du temps, la variété légitime), ils se construisent une représentation faussée de leurs propres productions.

Quelles peuvent être les raisons d'une telle déformation? Certes, nous avons tous des représentations très approximatives de pas mal de nos comportements, surtout si ceux-ci sont complexes. Piaget (1974) a montré, par ailleurs, qu'il existait un décalage dans le temps entre la capacité de produire un comportement et sa prise de conscience. Dans ce cas précis, il semble qu'il faille ajouter un élément à ces phénomènes généraux.

L'école tient, sur la variation linguistique, un discours prescriptif, rejetant dans le domaine de la faute ou de la non-langue (pas français) ce qui ne relève pas de la variété légitime; même avant d'entrer à l'école, lors de ses premiers apprentissages, l'enfant est confronté à un discours normatif. Le principal discours métalinguistique que les enfants ont l'occasion d'entendre est de nature prescriptive: parents et enseignants ne s'attachent pas à décrire les régularités du comportement linguistique, mais bien à valoriser certaines formes et à en condamner d'autres. En outre, quand l'enseignant repère une infraction à la variété légitime, il la rejette comme une erreur individuelle et ne consacre généralement pas de temps à expliquer qu'il s'agit là d'un élément stable de tel sociolecte ou régiolecte. La prégnance de ce discours métalinguistique normatif contribue à retarder l'émergence d'une prise de conscience dégagée des impératifs de la variété légitime. Comme dans d'autres domaines, la prise de conscience apparaît décalée par rapport aux comportements correspondants; mais dans ce cas, le décalage est d'autant plus grand que l'enfant, dès son plus jeune âge, doit assimiler un discours métalinguistique d'une autre nature sur les mêmes phénomènes.

L'enfant, comme l'adulte, est peu porté à reconnaître qu'il commet habituellement des fautes ou des infractions; cette tendance s'accentue encore quand on l'interroge dans un lieu (l'école) où s'impose le respect des règles en question. Ce serait donc seulement à partir du moment où les jeunes locuteurs deviennent conscients que, lorsqu'ils utilisent une variante non légitime, ils commettent, non une faute personnelle, mais témoignent du comportement régulier d'un groupe (social ou régional) qu'ils oseront affirmer pratiquer des variantes illégitimes. Or, nos résultats montrent par ailleurs que ce n'est qu'à partir de quatorze ans que les élèves deviennent progressivement conscients des variations régionales et sociales. L'identification de leurs pratiques à des variantes non légitimes irait donc de pair avec cette prise de conscience.

Qu'en est-il, enfin, de l'écart entre la conscience qu'ont les locuteurs de leur pratique et leur comportement réel? Rappelons que nous avons pu effectuer cette vérification pour l'accent régional et la réalisation de *il* /il/ ou /i/. Nous venons de voir que les enfants de douze ans identifient, plus fréquemment que les plus âgés, leurs pratiques à ce qu'ils estiment être la norme. N'oublions cependant pas que, même si les différences sont peu importantes, ils identifient moins sûrement que leurs aînés où se situent les véritables variantes légitimes. On peut dès lors se demander si la tendance à se surestimer, c'est-à-dire à s'attribuer plus de formes légitimes que celles réellement produites, évolue avec l'âge. Dans le cas de *il*, on ne note pas d'évolution claire avec l'âge. Dans le domaine de l'accent régional, on observe un déclin progressif de la surestimation avec l'âge. Le terme «déclin» ne doit toutefois pas masquer la réalité. Aussi bien à douze qu'à dix-huit ans, tant pour l'accent régional que pour *il*, la proportion de ceux qui se surestiment reste considérable[53]. Autrement dit, même à dix-huit ans, la réalité de leur comportement linguistique reste largement inconsciente aux locuteurs, qui continuent à s'attribuer plus de formes légitimes qu'ils n'en produisent. On peut d'ailleurs penser qu'il en va de même chez la plupart des adultes. Nous aurons l'occasion d'y revenir, lorsque nous examinerons les réponses des enseignants.

B. *Différences enregistrées selon le sexe, le milieu social, le type d'enseignement fréquenté.*

Dans la présentation de l'enquête, l'hypothèse a été émise que certains des comportements, des attitudes ou des représentations des locuteurs pourraient varier en fonction de différents facteurs, parmi lesquels leur sexe, leur milieu socio-culturel et le type d'enseignement fréquenté (professionnel, technique, général).

Ce sont ces résultats que nous allons maintenant commenter. Les hypothèses que nous développerons s'inscrivent dans la lignée des travaux de sociolinguistique variationniste (Labov, 1976; Trudgill, 1975); le courant de psychologie sociale du langage, nous l'avons déjà souligné, défend en effet une option interactionniste et, à ce titre, ne s'intéresse pas en priorité aux aspects qui nous occupent ici.

1. SEXE.

a) Rappel théorique.

Divers chercheurs ont mis en évidence une corrélation entre les attitudes linguistiques et le sexe des locuteurs : les femmes seraient plus attachées aux valeurs légitimes que les hommes issus des mêmes milieux sociaux; dans les épreuves d'auto-évaluation, elles se surestimeraient davantage que les hommes. Au-delà de ces attitudes, les femmes produiraient également plus de formes légitimes (Trudgill) Pour Trudgill, la principale explication de ces attitudes réside dans le fait que des connotations de virilité sont associées aux réalisations non légitimes. Le fait ne paraît guère contestable; on peut toutefois douter de son pouvoir explicatif. S'agit-il bien là d'une cause, ou plutôt d'un effet ?

Pour Labov (1983) et Bourdieu (1983), la préférence des femmes pour les variantes légitimes s'expliquerait par le fait que les femmes ont une disposition à l'ascension sociale, disposition qu'elles partagent d'ailleurs avec la petite bougeoisie.

La majorité des études consacrées à l'incidence du sexe du locuteur sur ses comportements et ses attitudes linguistiques concernent les adultes. Même si, dès leur plus jeune âge, les enfants semblent avoir assimilé un certain nombre de stéréotypes sur le parler masculin et féminin (Edelsky, 1977), cela ne se répercute guère sur leurs propres comportements et sur leurs attitudes. Cremona et Bates (1977), par exemple, observent que les garçons produisent plus de traits dialectaux que les filles, mais n'expriment pas d'attitudes différentes envers le dialecte. De même, Schneidermann (1982) ne constate pas de différences significatives dans la façon dont filles et garçons évaluent le français et l'anglais en Ontario.

Chez les enfants, il ne semble donc pas exister de clivage net entre les attitudes des garçons et des filles; il ne faut pas s'attendre, dès lors, à voir apparaître de différences réellement significatives entre filles et garçons avant le début, voire la fin du secondaire. A cet âge, on peut penser que, conformément à ce que l'on observe pour l'ensemble des attitudes (Labov), s'opérera un rapprochement entre les attitudes des adolescents et des adultes. Quelques différences entre filles et garçons pourraient alors se manifester.

Quelle allure pourraient prendre ces différences dans notre enquête? Si l'on suit les hypothèses générales de Labov et de Trudgill, on devrait s'attendre à ce que les filles rejettent, davantage que les garçons, les variantes non conformes à la variété légitime (notamment dans *le scriptible* et dans l'épreuve *français/pas français*); à ce que, dans l'épreuve d'*auto-identification*, elles s'identifient plus souvent que les garçons aux variantes légitimes; dans l'épreuve *télé*, à ce qu'elles préfèrent les formes hypercorrectes (*je me suis permise*, et, dans une moindre mesure, /kadz/emplois), enfin à ce qu'elles s'expriment avec un accent régional moins marqué et se surestiment davantage que les garçons.

b) Résultats.

On relève, dans notre échantillon, un certain nombre de différences[54] entre les comportements et les attitudes linguistiques des filles et des garçons de huit à dix-huit ans. Toutefois, ces différences sont isolées et parfois instables d'un sous-échantillon à l'autre. Contrairement à ce que nous pensions, ces différences ne semblent pas s'accentuer avec l'âge; le caractère parcellaire et un peu incohérent est observé à tous les niveaux.

Si certaines des différences observées — préférence des filles pour les variantes légitimes, hypercorrectes, — vont dans le sens des hypothèses de Labov et Trudgill, on relève par ailleurs quelques phénomènes (rares, à vrai dire) qui tendraient à infirmer ces hypothèses (préférence des filles pour certaines variantes familières par exemple). Enfin, certaines hypothèses (tendance des filles à produire plus de formes légitimes et à se surestimer davantage que les garçons) ne sont pas confirmées.

Selon nous, ce genre de résultats s'explique parfois par des effets complexes d'interaction[55] entre le sexe et d'autres caractéristiques des locuteurs (classe sociale, type d'enseignement, type d'établissement scolaire fréquenté). A l'avenir, si des études prennent en considération l'impact de la variable «sexe», elles devraient se centrer davantage sur ces effets d'interaction, qui paraissent particulièrement importants : il nous semble inadéquat de chercher à saisir l'effet du sexe à travers les classes sociales, en tablant sur une sorte de «destin» propre à chacun des deux sexes, qui transcende l'identité sociale des locuteurs. Malheureusement, les caractéristiques de notre échantillon ne permettaient pas d'entreprendre dans de bonnes conditions une telle étude des effets d'interaction; nous avons dû nous limiter à quelques remarques qualitatives.

2. MILIEU SOCIOCULTUREL.

a) Rappel théorique.

La grande majorité des études qui ont porté sur les attitudes linguistiques ne prennent pas en considération la relation entre ces attitudes et la classe sociale des personnes interrogées. C'est d'ailleurs l'un des principaux reproches que leur faisait Lee (1971) dans sa célèbre critique (voir p. 40). Rares sont en effet les chercheurs relevant de la psychologie sociale du langage qui incluent un tel paramètre dans leurs schémas expérimentaux. Lambert (1967), dans ses études fondatrices, s'est interrogé sur un tel type de corrélations et a notamment mis en évidence une différence entre les attitudes d'étudiantes canadiennes *upper middle class* et *working class* envers le français et l'anglais : les étudiantes de la *working class* affichaient des attitudes moins favorables pour l'anglais. Il faut bien constater, cependant, que les remarques de Lambert sur la nécessité de diversifier les échantillons n'ont guère rencontré d'écho (voir chapitre I).

Ce sont les sociolinguistes que l'on appelle variationnistes (Labov, Trudgill) qui se sont centrés sur l'étude des corrélations entre comportements et attitudes linguistiques d'une part, appartenance sociale d'autre part. Leurs thèses seront brièvement rappelées ici.

De ses études sur le changement linguistique et la stratification sociale des variables linguistiques, Labov a retiré un enseignement général : il existe un déséquilibre profond entre pratiques et attitudes[56] linguistiques. Alors que les locuteurs d'une même communauté linguistique font des usages sociaux différenciés de la langue, ils semblent partager un ensemble d'attitudes communes par rapport à cette langue. C'est d'ailleurs autour de cette notion d'«attitudes communes» que Labov construit sa définition de la communauté linguistique[57].

Le sociologue Bourdieu (1982) reprendra cette idée d'un déséquilibre entre pratiques linguistiques et attitudes, et parlera à ce propos de «reconnaissance sans connaissance». Pour Bourdieu, l'école inculque à tous les locuteurs d'une même communauté linguistique un système de valeurs communes, qui les pousse à reconnaître les formes de la langue légitime comme plus correctes, plus belles, plus prestigieuses, en dépit du fait qu'un certain nombre d'entre eux ne pratiquent pas habituellement cette variété légitime. .

Ainsi coexistent, au sein d'une même communauté, un ensemble d'attitudes relativement uniforme et des pratiques socialement diversifiées.

En ce qui concerne les pratiques, Labov et Trudgill ont insisté sur la stratification sociale des variables linguistiques, principalement phonétiques. Lorsque l'on s'élève dans la hiérarchie sociale, on observe une augmentation régulière du taux de réalisations légitimes (voir chapitre I).

Ce taux de réalisations légitimes évolue non seulement en fonction de la classe sociale des locuteurs, mais aussi en fonction du contexte, plus ou moins formel, et de la sensibilité — socialement différenciée — des locuteurs au degré de formalité du contexte. A ce propos, Labov, suivi par Bourdieu, a souligné le comportement particulier de la petite bourgeoisie, qui, en contexte non formel, produit relativement peu de réalisations légitimes, mais en contexte surveillé, en produit davantage que tous les autres groupes sociaux.

Tous ces résultats concernent les adultes, et aucune étude, à notre connaissance, n'a avancé l'hypothèse que les enfants de la petite bourgeoisie auraient un comportement particulier. Il ne paraît dès lors guère envisageable d'appliquer sans autre réflexion l'hypothèse de Labov au cas des enfants et des adolescents.

Qu'en est-il dans nos données? Avant d'entrer dans cette analyse, nous soulignerons que, vu le nombre de sujets qui compose nos différents sous-échantillons, il n'est guère pensable d'opérer des distinctions nuancées entre les divers sous-groupes sociaux (petite, moyenne, haute bourgeoisie)[58].

Nous retiendrons, comme hypothèse interprétative, la thèse centrale de Labov sur le déséquilibre entre pratiques et attitudes. Selon cette hypothèse, on peut s'attendre à ce que les enfants issus de la classe supérieure s'expriment avec un accent régional moins marqué que ceux issus de la classe moyenne, et surtout de la classe inférieure. Les enfants issus d'un milieu aisé devraient aussi mieux contrôler leur accent en passant du récit à la lecture de texte (*cf.* Rueid, 1978).

En revanche, pour les questions qui concernent les attitudes (*français/pas français, télé, auto-identification*), on devrait observer peu de différences significatives selon le milieu social. Par ailleurs, on peut penser que les élèves issus de milieux relativement peu aisés (classes inférieure et moyenne) feront preuve d'une plus grande insécurité linguistique que leurs pairs issus de la classe supérieure; ils pourraient ainsi se montrer moins satisfaits de leur façon de parler.

b) Résultats.

Si l'on considère les différences observées selon le milieu social[59], la première chose qui frappe est leur rareté et leur caractère instable. Les quelques différences qui soient observées avec un peu de systématicité concernent les épreuves *Le scriptible* et *Français/pas français*. Ainsi, la capacité d'appliquer au linguistique des critères spécifiques, distincts des critères moraux ou comportementaux apparaît plus tardivement chez les élèves de milieux peu favorisés: aux différents niveaux, ces derniers considèrent, plus souvent que les élèves de milieux aisés, que des phrases immorales ne peuvent trouver place dans un livre, tout en y admettant la phrase qui comporte des incorrections grammaticales; ils estiment plus fréquemment que les phrases paradoxales (*Le cercle est carré; Ceci n'est pas un bic*) ne sont pas françaises, et admettent en revanche les phrases non légitimes (*Si j'aurais su, je ne serais pas venu*) comme françaises.

Revenons-en à la thèse de Labov sur l'uniformité des attitudes et la diversité des pratiques. Si l'on s'en tient aux épreuves portant spécifiquement sur les attitudes[60] — épreuves *télé* et *auto-identification*, on constate en effet une remarquable uniformité des normes subjectives. Tout au plus observe-t-on quelques différences isolées qui ne se répètent pas d'un niveau scolaire à l'autre. Pour les variables considérées, l'hypothèse d'un consensus assez large des attitudes peut donc être retenue.

En ce qui concerne les pratiques, en revanche, l'hypothèse n'est pas confirmée. A l'homogénéité des attitudes correspond en effet, dans notre population, une semblable homogénéité sociale des pratiques[61]. Ce n'est qu'en fin de secondaire que l'on observe une différence significative dans le degré d'accent régional selon le milieu social: à ce niveau, les étudiants issus de classe supérieure s'expriment avec un accent régional moins marqué, en moyenne, que ceux issus de classes moyenne ou inférieure. Cependant, il faut le souligner, cet échantillon de fin du secondaire offre quelques particularités qui ne permettent pas de considérer cette différence comme uniquement sociale. La majorité des étudiants issus de classe supérieure sont en effet des étudiantes, qui fréquentent des écoles « bien cotées ». La variable *classe sociale* y est donc confondue avec deux autres variables, qui peuvent jouer un effet non négligeable sur le caractère plus ou moins régional de l'accent. On retiendra donc l'idée suivante : jusqu'à 14-15 ans, du point de vue de l'accent régional, les pratiques ne sont pas stratifiées socialement ; ce n'est qu'à 18 ans qu'une telle diversification apparaît, du moins quand les étudiants issus de classe supérieure fréquentent des écoles « bien cotées ».

Comment s'explique une telle différence entre la thèse de Labov et nos propres résultats ? Remarquons d'abord que cette différence n'est peut-être qu'apparente[62]. Labov, en effet, n'a pas étudié la stratification sociale des variables phonétiques chez de très jeunes locuteurs (12, 14 ans). Il a, en revanche, souvent insisté sur l'influence précoce des groupes de pairs[63]. Il se pourrait donc que, jusqu'à un âge qui reste à préciser (16 ans, pour Labov), le degré d'accent ne varie pas tellement selon la catégorie sociale, mais plutôt selon le groupe de pairs dans lequel chaque enfant est inséré, l'école pouvant constituer l'un de ces groupes. Si les écoles ont un recrutement social hétérogène[64], l'enfant aligne alors son accent, non sur celui de son milieu d'origine, mais sur celui de ses camarades. En revanche, si l'école a un caractère élitiste (école « bien cotée ») ou si elle recrute ses élèves essentiellement en milieu populaire, on peut penser que le système du groupe de pairs s'y trouve pratiquement confondu avec celui de l'origine sociale[65]. Par ailleurs, l'on sait que plus on progresse dans la scolarité, plus l'homogénéité sociale se fait grande. Ces deux aspects (écoles « bien cotées » et sélection sociale) contribueraient à expliquer pourquoi l'on observe, à 18 ans, des différences de pratiques qui n'apparaissaient pas chez les plus jeunes. Il ne faudrait toutefois pas négliger l'hypothèse qu'indépendamment de ces deux aspects, une forme de stratification sociale de l'accent apparaisse à partir d'un stade qui resterait à préciser — à partir peut-être du moment où le locuteur a posé des choix scolaires qui engagent son avenir social[66]. Dans cette perspective, le fait de se trouver, à 18 ans, dans un établissement d'enseignement général, signifie bien davantage que l'appartenance à un groupe de pairs ; elle devient un élément à part entière de l'identité sociale du locuteur.

Quoi qu'il en soit, dans l'étude d'un phénomène comme l'accent, il semble clair que, si l'on veut, à l'avenir, rendre compte d'une diversité — bien réelle — on ne peut se contenter de faire appel à la seule origine sociale des locuteurs, qui paraît en grande partie inapte à prédire le comportement en ce domaine. Pour de jeunes locuteurs, il s'impose de prendre au moins en considération l'école fréquentée, tout en s'efforçant d'objectiver, davantage que nous ne l'avons fait, les caractéristiques de l'établissement (recrutement social; implantation dans le quartier; projet pédagogique, etc.). Il serait par ailleurs intéressant de dégager l'influence que joue l'insertion dans des groupes de pairs autres que scolaires (groupes sportifs, mouvements de jeunesse, bandes de quartiers, etc.).

3. TYPE D'ENSEIGNEMENT FREQUENTE: PROFESSIONNEL — TECHNIQUE — GENERAL.

Nous l'avons déjà dit, notre échantillon n'est pas, au sens technique du terme, représentatif. Etant donné le caractère exploratoire de notre investigation, nous avons simplement veillé à lui garantir une certaine diversité.

La variable *type d'enseignement* s'est, en cours d'analyse, révélée d'une relative importance dans le domaine des attitudes et des représentations sociolinguistiques. En dépit de la faible représentation des élèves du technique/professionnel dans l'échantillon, nous présenterons les éléments partiels d'information en notre possession, car il nous paraissent porteurs d'indications intéressantes pour de futures analyses.

Aussi bien dans le secondaire inférieur que dans le secondaire supérieur, la variable *type d'enseignement* se trouve liée à un plus grand nombre de différences que la variable *classe sociale*. Peut-être saisissons-nous, avec cette variable, une partie de l'influence de ce que Labov (1976) appelle les groupes de pairs, influence qui, selon Labov, se révèle, chez les enfants et les adolescents, bien plus considérable que celle de la classe sociale.

Les différences[67] entre le groupe des élèves du technique/professionnel et le groupe des élèves du général s'observent dans la plupart des domaines : conceptions de ce qui peut s'écrire dans un livre, représentations du français, valeurs sociales des variantes linguistiques, normes subjectives et auto-identification. A ce propos, on peut affirmer, qu'à âge égal, les élèves du technique/professionnel et les élèves du général possèdent des systèmes de normes évaluatives différents (ils ont une conception différente de ce qui est correct) et évaluent leurs propres pratiques de façon distincte (s'identifient plus ou moins aux variantes légitimes).

Prenons par exemple le cas des élèves du secondaire inférieur. L'examen des réponses aux épreuves *Le scriptible* et *Français/pas français* fait apparaître des divergences de vues considérables. Les élèves du technique et du professionnel estiment tous que les phrases comportant des items lexicaux à connotation vulgaire (*Cet emmerdeur de Pierre a encore fait une connerie; Jean lui a foutu un poing sur la gueule*) ne peuvent trouver place dans un livre, contrairement aux élèves du général, qui se montrent plus tolérants. En revanche, l'incorrection grammaticale (*Christine a tombé sur la tête...*) est moins souvent rejetée par les élèves du professionnel et du technique que par ceux du général. Sur chacun des trois types de normes représentés dans l'épreuve, les élèves du technique et du professionnel, d'une part, ceux du général d'autre part, portent donc des jugements différents.

Il en va de même pour l'épreuve *Français/pas français*, où l'on enregistre des réactions différentes à la majorité des phrases composant l'épreuve. Les élèves du technique et du professionnel écartent, beaucoup plus systématiquement que les élèves du général, les phrases paradoxales (*Le cercle est carré; Ceci n'est pas un bic*) ou comportant un vocabulaire «vulgaire» (*Je l'emmerde...*) comme non françaises. En revanche, ils se montrent plus souvent prêts à accepter comme françaises les phrases agrammaticales ou non légitimes (item 1, phrase mal orthographiée; *Mon frère ne sait pas qu'est-ce que; Je te lui donne; Je ferai Jean partir...*). Au total, leurs représentations respectives de «ce qui est français» divergent donc notablement.

Il en est ainsi encore dans l'épreuve *télé*: à l'item 3, tous les élèves fréquentant l'enseignement général accordent plus de valeur à la variante «*je ne savais pas encore ce que...*». En revanche, parmi les élèves du technique/professionnel, il s'en trouve trois sur huit pour estimer plus prestigieuse la variante «*je ne savais pas encore qu'est-ce que...*».

De même, dans l'épreuve intitulée *Normes subjectives et auto-identification*, on observe, à un certain nombre d'items, des divergences dans la reconnaissance de ce qui constitue la forme la plus correcte des deux variantes présentées. A l'item 1, deux élèves du professionnel/technique sur huit (aucun dans le général) déclarent que la variante avec accent régional est plus correcte que la variante avec accent légitime; à l'item 3, quatre élèves sur huit estiment que *j'ai tombé* est plus correct que *je suis tombé* et s'identifient à cette première forme.

A côté de cette diversité d'attitudes, on observe, tant dans le secondaire inférieur que dans le supérieur, une relative uniformité des pratiques linguistiques: la tendance à s'exprimer avec un accent régional plus ou moins marqué ne varie pas en fonction du type d'enseignement fréquenté, pas plus qu'elle n'était liée au sexe et à la classe sociale[68].

Dans la discussion sur les différences selon le milieu social, nous avions retenu comme hypothèse de travail, suite aux travaux de Labov et de Bourdieu, l'idée d'un écart entre pratiques et attitudes. Cette hypothèse peut aussi s'appliquer au type d'enseignement fréquenté, qui représente à n'en point douter un élément constitutif de l'identité sociale. Les résultats sont d'ailleurs comparables dans les deux cas. On observe, en effet, dans notre population d'élèves, un écart entre les attitudes et les pratiques linguistiques. Mais cet écart prend une forme exactement opposée à ce que constatait Labov. Chez Labov, l'écart se situait entre des pratiques, socialement stratifiées, et un système d'attitudes uniformisé; dans notre population, on observe, à côté de pratiques non stratifiées socialement, un système d'attitudes relativement hétérogène.

Comment expliquer une telle différence?

A propos des pratiques, il convient de souligner que nous n'avons évalué que le degré d'accent régional; cette seule évaluation est un peu insuffisante pour en tirer des conclusions sur l'uniformité des pratiques. Par ailleurs, quand Labov évoque un écart entre pratiques et normes subjectives, cela concerne uniquement des variables phonétiques. Or, dans notre enquête, entrent non seulement des variables phonétiques, mais aussi des variables lexicales, morphologiques et syntaxiques. A propos de la syntaxe, précisément, Labov (1976) indique: «rien ne prouve que sur des questions aussi cruciales, il soit possible d'obtenir des locuteurs natifs des jugements conséquents et homogènes» (p. 277). Enfin, s'agissant des normes subjectives et de leur homogénéité, Labov souligne: «une telle uniformité des normes ne caractérise que les variables sociolinguistiques pleinement développées, soumises à un processus de correction sociale explicite. La plupart des règles linguistiques restent bien en-deçà de ce niveau et ne s'accompagnent donc d'aucune norme sociale explicite» (p. 268).

Si l'on tient compte de ces trois remarques, il ne faut guère s'étonner que l'on observe de notables différences entre les résultats que nous avons enregistrés et les thèses de Labov. Les situations, on le voit, ne sont pas véritablement comparables et les thèses de Labov se révèlent souvent, lors d'une lecture approfondie, plus nuancées que ne le laissent croire leurs versions «vulgarisées».

Revenons-en à l'affirmation de Bourdieu relative à l'écart pratiques/ attitudes; Bourdieu parle à ce propos de «reconnaissance sans connaissance», affirmation difficilement réfutable[69]. Pour le chercheur confronté à des données empiriques, se pose le problème d'opérationaliser cette proposition. Suivant la façon dont il définit opérationnellement les comportements auxquels on identifiera qu'il y a ou non reconnaissance ou connaissance, suivant la façon dont il fixe le seuil à partir duquel on bascule de la connaissance à la non-connaissance, la proposition de Bourdieu aura de plus ou moins grandes chances d'être rencontrée par les faits. Ainsi, si l'on prend le parti de limiter la *reconnaissance de la langue légitime* à un sentiment très général de reconnaissance de la valeur de la variété légitime et de considérer comme partie intégrante de la *connaissance* l'estimation particulière de la valeur de certaines variantes, nos résultats s'accommodent bien de la proposition «reconnaissance sans connaissance».

En revanche, si l'on pense que la *reconnaissance* équivaut à reconnaître, en particulier, qu'une série de variantes caractéristiques de la variété légitime ont une plus grande valeur, ou sont plus correctes que d'autres variantes caractéristiques des régiolectes ou sociolectes, on considérera que nos résultats infirment partiellement la proposition de Bourdieu. Car si la connaissance est certainement inégale[70], il faudrait admettre, selon cette définition, que la reconnaissance est aussi socialement inégale. En effet, nous l'avons vu, selon le milieu social, et surtout selon le type d'enseignement fréquenté, les élèves n'attribuent pas un prestige égal aux mêmes variantes et ne s'accordent pas sur les formes qu'ils considèrent comme correctes ou comme françaises.

Cette constatation nous conduit à envisager une question de portée plus générale. Pourquoi des formes linguistiques considérées comme non légitimes par une majorité de locuteurs continuent-elles néanmoins à être employées? Labov (1976) apporte une réponse catégorique à cette question. Ecartant successivement les autres types d'arguments, il considère que «si certains locuteurs persistent à employer des formes stigmatisées, c'est parce qu'ils ne veulent pas adopter les normes de la classe supérieure, même s'ils les endossent au cours des tests»[71]. La principale raison de cette persistance (ou de cette résistance) résiderait dans l'existence d'un système de valeurs propres, en conflit avec le système affiché au cours des tests. Sans contester le bien-fondé de cette explication, il nous semble que nos résultats permettent d'y apporter quelques compléments. En effet, contrairement à ce qu'affirme Labov, il apparaît qu'un certain nombre de locuteurs — les plus défavorisés d'entre eux, qui sont aussi les principaux utilisateurs de formes stigmatisées — ne partagent pas, même au cours des tests, les normes subjectives des locuteurs cultivés (qui, en matière linguistique, font la loi), ou, en d'autres termes, ne sont pas conscients de ce que sont les «véritables»[72] variantes légitimes. Leur utilisation de formes stigmatisées doit dès lors être interprétée, non seulement comme le signe d'un refus (refus de s'aligner sur le comportement des classes dominantes), mais aussi comme le signe d'un non-accès aux valeurs légitimes.

NOTES

[1] D'abord publié in W. Bright (éd.), *Sociolinguistics*, La Haye: Mouton, 1966.
[2] *« We have then to account for the fact that a normal child acquires knowledge of sentences, not only as grammatical, but also as appropriate. He or she acquires competence as to when to speak when not, as to what to talk about, with whom, when, where, in what manner. This competence, moreover, is integral with attitudes, values and motivations concerning language, its features and uses, and integral with competence for, and attitudes toward, the interrelation of language with the other codes of communicative conduct»* (Hymes, 1972, pp. 278-279).
[3] Pour d'autres études de ce type, voir Garnica et King (1979), Ervin-Tripp et Mitchell-Kernan (1977), Dickson (1981).
[4] *« That there was considerable awareness of stylistic variation »*.
[5] *« Some girls, when they talk to their teacher, they talk a sort of posh... and when they talk to their pals... they just talk normal... »*. Ou *« if I talk to them with a sort of clean accent, they will think... a bit of a bore... if you talk with the same accent as they do they will just think... you are one of us in a way* (Rueid, 1978, pp. 170-171).
[6] *Dialecte* doit être ici entendu au sens de langue non reconnue officiellement par le pouvoir politique.
[7] Voir Trudgill (1975), ci-avant, p. 55
[8] *« Southern Italian have learned to reject their local dialect at close to the 100 % level, at least in the school setting »* (p. 230).
[9] *« The forced choice design of all of the investigations provides information about which code the subjects prefer, but it does not provide us with information about the subjects'attitudes toward the code not choosen »* (p. 124).
[10] *« We cannot infer from such studies that minority children dislike or do not value their primary speech codes. Perhaps the best we can do is to assume that they have come to recognize the value of the majority language, under the circumstances of the data-gathering situation and the dimensions of the research designs »* (p. 125).
[11] *« Unlike college-age judges, FC children at the ten year age level do not have a negative bias against their own group »* (p. 221).
[12] Confronté à ce résultat discordant (attitudes moins favorables des filles de milieu ouvrier), Lambert (1976) reconnaît: *« Note that we probably did not encounter girls from lower class homes in our earlier studies using girls at FC colleges or universities »* (p. 221). « Remarquons que nous n'avons probablement pas rencontré de filles issues de classe inférieure dans nos études précédentes, qui utilisaient des filles fréquentant l'enseignement supérieur ou l'Université. »
[13] Il est évident que le degré de conscience des variations linguistiques peut apparaître de façon plus ou moins précoce selon la situation linguistique objective de la communauté concernée.

[14] Il existe une troisième langue nationale reconnue, l'allemand. Celle-ci est parlée par une faible proportion de citoyens, implantés dans l'est du pays, à proximité de la frontière allemande (la plus grande partie de cette région était, avant la guerre 1914-1918, rattachée à l'Allemagne).

[15] Il suffit cependant de se déplacer à Bruxelles pour être confronté à des problèmes liés à la prééminence linguistique. Ainsi, dans certaines réunions officielles (dans les ministères, par exemple), chacun est contraint de parler dans *sa* langue, même si son interlocuteur ne la comprend pas et que lui est capable de s'exprimer parfaitement dans la langue de l'autre.

[16] Cette domination linguistique va de pair, à l'époque, avec une domination économique. La Wallonie, qui fut l'une des premières régions d'Europe à connaître la révolution industrielle, domine économiquement une Flandre restée largement rurale, et dont les travailleurs «immigrent» souvent en Wallonie.

[17] Le flamand s'introduit progressivement dans les tribunaux (1877-1889), dans les administrations publiques et à l'armée (1873), dans l'enseignement secondaire (1883-1885).

[18] Jusqu'à une époque récente, la situation restait cependant asymétrique, les francophones ignorant généralement le néerlandais, les Flamands connaissant eux le français. De nos jours, les jeunes générations de Flamands se tournent de préférence vers l'anglais, plutôt que vers le français.

[19] Ce n'est là qu'une hypothèse, qu'il faudrait mettre à l'épreuve des faits.

[20] On peut parler à ce propos de bilinguisme passif. Les locuteurs comprennent en partie le wallon, mais sont incapables de le parler.

[21] «Accent liégeois» qu'il ne faut pas confondre avec l'«accent bruxellois», faussement considéré à l'étranger (et notamment en France) comme l'accent typiquement belge.

[22] Certaines de ces tournures sont propres à la région liégeoise, d'autres à l'ensemble de la Belgique francophone. On parle, dans ce cas, de «belgicismes».

[23] Ce rapide portrait laisse entrevoir la complexité de la situation des Belges francophones, qui se caractérise, à la différence, par exemple, du Québec, par une dissociation entre domination économique et domination linguistique subie et exercée. Ex-dominateurs de la Flandre sur le plan économique et linguistique, les Belges francophones subissent aujourd'hui la domination économique de la Flandre qui reste cependant, par certains aspects mineurs, dominée linguistiquement par les francophones. Ces derniers, en retour, ont à subir la domination linguistique de la France qui n'exerce, en revanche, aucune domination économique sur Bruxelles et la Wallonie.

[24] La plupart des objectifs ici présentés sont communs aux deux volets de l'enquête (élèves et enseignants). Les objectifs propres à l'enquête auprès des enseignants seront présentés plus loin.

[25] L'on sait par ailleurs le lien qui unit sociolecte populaire et variété régionale. Plus on s'élève dans la hiérarchie sociale, moins l'on observe de traits régionaux.

[26] Dans la suite, il nous arrivera de nous référer aux élèves d'un des niveaux scolaires en utilisant la moyenne d'âge du groupe (8, 12, 14, 18 ans). On gardera à l'esprit qu'il s'agit d'un âge *moyen* et que dans chaque groupe, on trouve quelques enfants plus jeunes ou plus âgés que la moyenne.

[27] D'une manière générale, l'échantillon des élèves, même s'il présente des garanties de diversité, n'a pas un caractère représentatif. Nous effectuerons cependant des tests de différence, sans prétendre inférer les résultats au-delà de la population étudiée. En vue des traitements, les élèves du technique et du professionnel ont été regroupés. Dans un premier temps, nous avons analysé séparément les réponses de ces deux groupes. Néanmoins, il n'était pas envisageable de considérer comme un groupe les deux élèves de technique. Au vu de leurs réponses, nous avons estimé plus opportun, dans ce cas-ci, de les regrouper avec les élèves du professionnel.

[28] Chaque étudiant(e) dispose de consignes précises, de façon à rendre le déroulement de l'entretien le plus standardisé possible.

[29] Parler en termes de déformation revient à concevoir qu'il existe une forme pure (une essence) des données linguistiques située dans un *no man's land* social où ne s'exerce aucune contrainte dé-formante sur le discours (conversation spontanée entre pairs). Une telle distinction entre essence (situation naturelle) et accidents (situation artificielle d'interview) est de faible valeur scientifique, car elle dépend moins de l'objet que du sujet de connaissance; elle est, en réalité, le masque d'un jugement de valeur visant à privilégier certaines situations, prétendûment plus naturelles que d'autres: dans le fonctionnement «naturel» de la société, l'individu sera évidemment confronté aussi bien à des pairs qu'à des supérieurs (ou à des inférieurs), et aucune de ces confrontations ne peut en elle-même être jugée plus «artificielle» qu'une autre.

[30] Les épreuves ici brièvement présentées figurent en annexe, ainsi qu'une description plus détaillée de leurs caractéristiques et de leurs objectifs.

[31] Sauf indication contraire, les épreuves sont communes aux différents niveaux.

[32] Nous n'évoquerons ici que les questions qui feront l'objet de commentaires. L'enquête (Lafontaine, 1985a) comportait de nombreuses autres questions.

[33] En conformité avec les critiques méthodologiques que nous avons développées dans le premier chapitre, nous nous sommes efforcée de faire preuve, dans la conception de nos instruments, d'un relatif éclectisme méthodologique. C'est ainsi que nous avons fait alterner, dans les questionnaires et les entretiens, questions ouvertes et questions fermées (épreuves structurées); questions plus générales (par exemple: évaluation globale des accents d'après leur nom) et questions plus particulières (par exemple: telle «faute» est-elle plus ou moins grave que telle autre?).

[34] Chaque fois que nous utilisons les termes «faute», «erreur», «infraction», «incorrection», nous les mettons entre guillemets, afin de souligner que les phénomènes ainsi décrits ne le sont que d'un point de vue prescriptif (celui des grammaires normatives, entre autres). D'un point de vue sociolinguistique, *je ne sais pas ousque c'est* ne constitue pas une erreur, mais illustre une règle stable d'un sociolecte donné.

[35] Dans les cas où des variantes sont présentées oralement, les enquêteurs/trices disposent d'une cassette où sont enregistrés les passages, lus par une même locutrice.

[36] Cette lecture n'a pas été demandée aux élèves de primaire inférieur. Pour les élèves du secondaire supérieur, le texte et la consigne sont identiques à ceux des enseignants (lire le texte comme s'ils présentaient le journal télévisé).

[37] Pour transcrire les données phonologiques, nous utilisons l'alphabet phonétique international.

[38] Ces résultats sont décrits de manière plus approfondie dans Lafontaine (1985a, b, d, e).

[39] Normes subjectives.

[40] Comme l'explique Putnam, «Il est inexact qu'on trouve à redire à toutes les phrases *non grammaticales*, et à elles seules. On s'élève en fait contre les phrases *déviantes*, mais quand les gens se corrigent mutuellement, ils ne se disent pas clairement (de sorte qu'un enfant puisse comprendre) si le caractère déviant est d'ordre syntaxique, d'ordre sémantique, ou relève d'une théorie du discours, que sais-je encore. Selon Chomsky, l'enfant, de fait, reçoit «une liste de phrases grammaticales» et une «liste de phrases non grammaticales», et il doit extrapoler à partir de ces deux listes. Mais ceci est à coup sûr faux. L'enfant reçoit une liste de phrases acceptables et une liste de phrases qui sont déviantes-pour-une-raison-ou-pour-une-autre.» (1979, p. 418).

[41] Pour rappel, la phrase *ceci n'est pas un bic* apparaît comme absurde parce que l'enquêteur/trice, en énonçant cette phrase, désigne un bic du doigt.

[42] Le comportement des plus jeunes peut être rapproché des résultats de diverses études psycholinguistiques (Sinclair et Ferreiro, 1970; Sinclair et Bronckart, 1972; Segui et Leveillé, 1977). Celles-ci établissent que l'enfant, dans l'interprétation qu'il fait de phrases avec des passifs ou des relatifs, ne prend en compte les marques morphologiques qu'à partir d'un âge assez avancé (vers 10 ans).

⁴³ Cf. des jugements du type «c'est pas beau», «c'est impoli», très fréquents chez les jeunes enfants.
⁴⁴ Sur la conception du mensonge chez les enfants, voir Piaget (1978).
⁴⁵ Réponses à la question: *C'est quoi parler avec un accent?*
⁴⁶ Réponses à la question: *Tu aimes bien ta façon de parler?* Cette évolution est comparable à celle observée au Québec par Lambert (Anisfeld et Lambert, 1964; Lambert, Franckel et Tucker, 1966). L'apparition d'attitudes négatives envers la variété dominée se situe au début de l'adolescence; en Italie, en revanche (Cremona et Bates, 1977), les sentiments négatifs à l'égard du dialecte dominé se développent beaucoup plus tôt. Dans ce cas, précisons-le, il est interdit de parler le dialecte à l'école. Au Québec et en Belgique, la domination de la variété légitime prend des formes moins abruptes.
⁴⁷ La réaction est différente quand on leur propose d'évaluer des locuteurs enregistrés.
⁴⁸ Terme péjoratif utilisé en Belgique pour désigner les locuteurs belges qui cherchent à parler comme les Français.
⁴⁹ Nonante-sept pour cent dans l'épreuve *télé*, 77 % dans l'épreuve *auto-identification*.
⁵⁰ Précisons que, dans ces enregistrements, la locutrice s'exprime avec un accent légitime (comme à la télévision belge, par exemple); elle ne «fransquillonne» pas.
⁵¹ Du moins dans l'épreuve *télé*, puisque dans l'autre cas, on leur a demandé la différence entre les deux variantes.
⁵² Cf. Résultats de l'épreuve *Normes subjectives et auto-identification*. Pour rappel, on demande à l'élève d'indiquer laquelle, de deux variantes (légitime et non légitime), correspond à sa façon habituelle de parler.
⁵³ Par rapport au récit, 74 % à douze ans, 68 % à quatorze ans, 46 % à dix-huit ans, pour l'accent régional.
⁵⁴ Différences mesurées par des t de Student ou des χ^2, selon la nature des variables.
⁵⁵ Le mot «interaction» réfère ici à la méthode expérimentale d'étude des interactions aptitude-traitement, représentée, notamment, dans le domaine des sciences de l'éducation, par Cronbach et Snow.
⁵⁶ Pour conserver une terminologie cohérente, on a pris la liberté de désigner par *attitude* ce que Labov appelle *norme*. Chez Labov, le mot *norme* doit en effet être pris dans son sens de norme subjective ou évaluative.
⁵⁷ «La communauté linguistique se définit moins par un accord explicite quant à l'emploi des éléments du langage que par une participation conjointe à un ensemble de normes» (Labov, 1968, 1976 pour la traduction française, p. 187).
⁵⁸ Pour définir le milieu socio-culturel, nous nous fondons sur la profession du père.
⁵⁹ Différences mesurées par des t de Student ou des χ^2, selon la nature des variables.
⁶⁰ On aurait pu inclure dans cet ensemble l'épreuve *français/pas français*; les attitudes se seraient dès lors révélées moins uniformes que prévu. Toutefois, cette épreuve offre, dans sa forme, une parenté avec les exercices scolaires, qui nous pousse à ne pas l'assimiler aux deux autres épreuves, même si, sur le fond, elle s'en distingue peu.
⁶¹ Cette absence de différences selon le milieu social peut tenir aux particularités des divers sous-échantillons, qui comportent un faible nombre de sujets.
⁶² La différence pourrait trouver une part d'explication dans le fait que nous évaluons le degré d'accent de façon globale, alors que Labov étudie la stratification sociale de quelques variables phonétiques isolées.
⁶³ ...«les enfants ne parlent pas comme leurs parents. Dans la grande majorité des cas que nous avons étudiés ou simplement rencontrés, ils s'alignent sur le système de leurs camarades» (Labov, 1976, p. 407). «de 4 à 16 ans, son discours (de l'enfant) passe sous l'autorité et la réglementation de ses camarades de jeux» (Labov, 1976, p. 207).
⁶⁴ C'est le cas, dans notre échantillon, pour les niveaux primaire supérieur et secondaire inférieur, mais pas pour le secondaire supérieur.
⁶⁵ D'une façon plus générale, on peut d'ailleurs penser que l'effet du milieu social s'exerce aussi via le groupe des pairs. Par ailleurs, il ne faudrait pas penser, sans plus

de nuance, que le langage des pairs détermine, de façon mécanique, les habitudes linguistiques des enfants. Le fait que l'enfant aligne son langage sur celui de ses pairs est lui-même fonction d'un ensemble de variables: âge auquel l'enfant est mis en contact avec ses camarades, nature et structure du groupe de pairs, relations famille-groupe de pairs, rapport objectif entre les variétés linguistiques parlées en famille et dans le groupe, etc.

[66] Et qui diffèrent, évidemment, d'un pays à l'autre, d'un système éducatif à l'autre.

[67] Différences mesurées par des t de Student ou des χ^2, selon la nature des variables.

[68] Sauf dans le secondaire supérieur.

[69] En outre, la formule «reconnaissance sans connaissance» manque de précision. Que faut-il entendre par ces deux termes? Le terme «connaissance» désigne-t-il la production ou la compréhension (connaissance active ou passive)?

[70] Nous ne l'avons pas mesuré, sauf pour le degré d'accent régional.

[71] *Les locuteurs des classes inférieures ne veulent pas adopter les normes de la classe supérieure; même s'ils les endossent au cours des tests, ils n'en possèdent pas moins un système de valeurs opposé qui n'apparaît pas alors, et qui soutient les formes vernaculaires»* (Labov, 1976, p. 418).

[72] «Véritables», au sens où certaines variantes, parce qu'utilisées dans les situations officielles, par les locuteurs cultivés, parce que prescrites par les ouvrages et les organismes officiels, se voient dotées, objectivement, d'une plus grande légitimité que d'autres.

Chapitre III
Attitudes et normes subjectives
chez les enseignants

I. REVUE DE LA LITTERATURE.

En dépit de multiples recherches bibliographiques, nous n'avons pu découvrir d'études empiriques portant sur les attitudes ou les normes subjectives des enseignants francophones; nous n'avons pu trouver que des travaux portant sur des questions connexes:
1. Quel est le rôle du langage dans l'évaluation des élèves par les maîtres?
2. Comment les maîtres réagissent-ils lorsque les élèves s'expriment dans des variétés linguistiques non légitimes, quelles sont leurs attitudes à l'égard des variétés linguistiques elles-mêmes?

La plupart des études que nous évoquons se réfèrent plus ou moins explicitement à l'effet Pygmalion (*self-fulfilling prophecy*). Elles postulent que les attitudes influencent les attentes des maîtres, lesquelles, à leur tour (Rosenthal et Jacobson, 1971), retentissent sur les performances scolaires des élèves.

Dans le domaine particulier des attitudes des maîtres, comme dans celui des attitudes en général, une recherche menée par Lambert et collaborateurs constitue l'une des références de base.

Cette étude (Lambert, Seligman et Tucker, 1971) porte sur l'effet conjugué du style (*speech style*) et d'autres caractéristiques sur les attitudes des maîtres envers les élèves.

Dans un premier temps, les auteurs recueillent, auprès de trente-six garçons du troisième degré, fréquentant une école dans un quartier ouvrier (*working-class*) et une école dans un quartier bourgeois (*upper-class*), un échantillon de langage (lecture d'un texte), un dessin, une photographie (de l'élève), une composition écrite sur un thème imposé. Ce matériel est soumis pour une première évaluation à de futurs maîtres; après un examen basé sur différents critères (qu'il serait fastidieux d'exposer ici)[1], on aboutit à un classement dichotomique en bon/mauvais des quatre «produits» de chacun des élèves. Ensuite, toutes les combinaisons possibles de «bons» et «mauvais» dessins, compositions, voix, photographies, sont réalisées, avec une seule restriction: un bon dessin va toujours de pair avec une bonne composition, et un mauvais dessin avec une mauvaise composition. Chaque combinaison est considérée comme caractéristique d'un enfant imaginaire. Par exemple, un enfant imaginaire peut paraître intelligent par la voix, peu intelligent par la photographie et intelligent d'après la composition et le dessin.

Ces enfants imaginaires sont alors présentés à dix-neuf futurs professeurs féminins (*teachers college*); celles-ci reçoivent d'abord la photo, puis entendent l'enregistrement et enfin examinent le dessin et la composition.

Il leur est ensuite demandé d'évaluer les enfants sur des échelles à sept degrés relatives à divers traits (*intelligent, bon élève, socialement privilégié, enthousiaste, sûr de lui, gentil*), en se fondant sur l'ensemble des informations.

Les résultats font apparaître que les garçons avec un «bon style» sont *toujours* évalués plus favorablement que ceux avec un «mauvais style», quelles que soient leurs autres caractéristiques: ils sont vus comme plus intelligents, meilleurs élèves, socialement privilégiés, plus enthousiastes, sûrs d'eux et plus gentils. Ainsi, comme le souligne Lambert, «le style de discours est un indice important pour les maîtres dans leur évaluation» (p. 345)[2]. Si un «bon» style est associé à d'autres informations favorables (bonne photo, bon dessin et bonne composition), cela contribue à augmenter le caractère favorable des évaluations («même combiné avec d'autres, l'effet ne diminue pas») (p. 345)[3].

D'autres types de travaux portent sur les réactions des enseignants face à des enfants appartenant à des groupes sociaux ou raciaux différents. C'est notamment l'objectif d'une vaste enquête menée par Williams (1976) sur les attitudes des professeurs vis-à-vis du langage des enfants blancs et noirs à Chicago.

Quarante enfants de cinquième et quarante de sixième année primaire ont été enregistrés au cours de conversations spontanées portant sur différents thèmes (jeux, loisirs, école, futur métier, etc.). Dans chaque groupe, vingt sont d'un milieu social plutôt élevé et vingt d'un milieu social plutôt bas; chacun de ces deux sous-groupes compte dix enfants blancs et dix enfants noirs.

Les juges sont trente-trois instituteurs de Chicago, vingt et un blancs et douze noirs. Ils sont invités à évaluer les échantillons de langage sur vingt-deux échelles, dont certaines sont relatives au langage même (usage correct des mots, clarté du message, phrases complexes, vocabulaire recherché, caractère légitime ou dialectal) et d'autres aux caractéristiques sociales des locuteurs (l'enfant semble être un blanc/un noir, une fille/un garçon, de milieu élevé/bas, ...).

L'analyse factorielle en composantes principales, après rotation varimax, fait apparaître deux facteurs principaux (50 % de variance expliquée), un facteur I que Williams appelle «confiance en soi, désir de s'exprimer», et un facteur II dénommé «conformité ou non à la norme»[4]. La perception du statut social de l'enfant est liée à ces deux facteurs, mais plus nettement au second.

Dans une autre étude, Williams (1976) s'interroge de façon plus précise sur le lien qui peut exister entre attitudes linguistiques et attentes des maîtres vis-à-vis des élèves. Les enfants évalués (n = 41) appartiennent à trois groupes ethniques: anglo, noirs et mexicains; chacun de ces trois groupes comprend des enfants de milieux bas et élevé, enregistrés au cours de conversations spontanées.

Les juges sont au total 175. Ils se distinguent par la race et l'expérience pédagogique. Quant aux échelles, ce sont sensiblement les mêmes que dans l'étude précédente.

L'analyse confirme l'existence de deux facteurs, de nouveau interprétés comme «confiance en soi, désir de s'exprimer» et «conformité à la norme». Les maîtres ne se situent pas différemment sur ces deux facteurs en fonction de leur expérience; en revanche, on constate une tendance des enseignants noirs à évaluer moins négativement les enfants noirs et mexicains.

Les élèves de statut social peu élevé ont tendance à être jugés moins sûrs d'eux que ceux de statut élevé; cette différence s'accuse pour les «minorités» ethniques.

Enfin, en ce qui concerne le lien entre attitudes et attentes, les maîtres étaient invités à prédire les performances des élèves:

- en langue maternelle (grammaire, orthographe, composition et lecture);
- dans d'autres disciplines impliquant le maniement de la langue (mathématique, sciences sociales);
- dans le domaine non verbal (musique, dessin, gymnastique).

L'analyse des données montre que les attentes des maîtres peuvent être prédites sur la base de leurs attitudes linguistiques, surtout pour les matières davantage liées au langage. On peut donc penser que les enfants de milieu peu élevé, surtout s'ils appartiennent à des minorités linguistiques, dont le langage est généralement évalué de façon moins favorable, sont l'objet d'attentes moins positives de la part des maîtres, ce qui, si l'on suit les thèses de Rosenthal et Jacobson, devrait les conduire à des performances moins élevées.

D'autres études, menées dans différents contextes, confirment les résultats de Williams.

Ainsi, Choy et Dodd (1976) ont demandé à des maîtres d'évaluer des enfants hawaïens s'exprimant en anglais légitime et en anglais hawaïen (n = 41) sur les traits composant les facteurs dégagés par Williams «confiance en soi, désir de s'exprimer» et «conformité à la norme», d'évaluer leurs performances scolaires et de prédire leur avenir scolaire et social. Ici aussi, les enfants appartenant à la communauté dominée sont perçus comme moins sûrs d'eux et moins «conformes à la norme» que ceux s'exprimant en anglais légitime. Leurs performances scolaires sont aussi jugées moins bonnes et les maîtres prévoient pour eux un avenir scolaire et social moins brillant.

Granger, Mathews, Quay et Verner (1977) rapportent aussi[5] des différences d'évaluation selon la race et le statut social des enfants, aux Etats-Unis. Cinquante-six maîtres sont invités à juger, sur une échelle à cinq degrés, l'efficacité de la communication d'enfants qui décrivent des images en mentionnant les éléments qui les distinguent. La moitié des enfants sont blancs, l'autre moitié sont noirs et on trouve dans chaque groupe des enfants de milieu bas (*low*) et assez élevé (*middle*). En dépit du fait que les descriptions retenues sont équivalentes d'un point de vue fonctionnel, les enfants blancs sont en moyenne mieux jugés que les noirs, et ceux de milieu élevé jugés plus efficaces que ceux de milieu bas.

Il se confirme donc une fois de plus que les maîtres (comme d'autres personnes d'ailleurs) sont particulièrement sensibles à la façon dont est prononcé un message (la forme); de simples différences de forme les conduisent ici à hiérarchiser des messages fonctionnellement équivalents sur une échelle de fonctionnalité[6].

Des résultats analogues se dégagent d'une étude menée en Irlande (Edwards, 1979). Quarante enfants (filles et garçons) d'une dizaine d'années, vingt appartenant à un milieu social bas (*lower-class*) et vingt à un milieu assez élevé (*middle-class*) s'exercent à lire un même texte et sont ensuite enregistrés. Quatorze élèves-maîtres (sept hommes, sept femmes) écoutent les enregistrements, puis les évaluent sur des échelles à sept degrés :
- relatives au langage (fluidité du débit, bonne prononciation, bon accent, originalité du vocabulaire, compétence générale, ...)[7];
- relatives au locuteur (milieu social, favorisé, intelligent, sûr de lui, bon élève, ...).

De nouveau, l'analyse met en évidence un ensemble de différences significatives dans l'évaluation des enfants : sur toutes les échelles, les enfants de milieu bas sont moins bien classés que ceux de milieu élevé. En outre, pour une majorité d'échelles, les filles sont mieux évaluées que les garçons.

Par ailleurs, l'analyse tient compte d'un élément intéressant et inhabituel. Edwards a, en effet, demandé aux maîtres dans quelle mesure ils étaient convaincus de l'exactitude de leurs évaluations. Les indices de certitude montrent que les maîtres se sentent plus sûrs d'eux dans les appréciations qu'ils portent sur les enfants issus de milieu aisé. Leur certitude décroît au fur et à mesure que l'on s'éloigne des jugements proprement linguistiques pour inférer d'autres caractéristiques des locuteurs.

Pour marginale qu'elle soit, cette indication est de nature à jeter un doute sur les conclusions de nombre d'études consacrées aux attitudes linguistiques[8]. Il apparaît, en effet, que les juges différencient bien les sujets, mais se sentent peu sûrs d'eux lorsqu'ils émettent un jugement défavorable. On peut se demander, dès lors, si, lorsqu'on tente d'approcher les attitudes en recourant à des échelles d'évaluation, on ne conduit pas les sujets à opérer des distinctions qu'ils ne feraient pas dans d'autres circonstances. Invités à discriminer les sujets, les juges s'en montrent capables et se réfèrent aux catégories «classiques» (milieu socio-culturel, ethnie, sexe), mais cette évaluation explicite, ils ne l'auraient peut-être pas faite spontanément (ce que refléterait la faiblesse des indices de certitude). La question mérite d'être soulevée[9].

Les enquêtes menées à l'aide d'autres instruments ne confirment pas toujours les résultats tranchés des recherches réalisées à l'aide d'échelles d'évaluation.

Par exemple, Crowl et Nurss (1976) ont demandé à cent enseignants du sud des Etats-Unis, cinquante blancs et cinquante noirs, de juger la qualité des réponses fournies à un certain nombre de questions par des enfants blancs et noirs. Chaque phrase a été enregistrée deux fois et attribuée dans un cas à un enfant blanc, dans l'autre à un enfant noir. Contrairement à l'attente, les enfants noirs obtiennent de meilleurs scores que les enfants blancs, ce que les auteurs expliquent par le facteur géographique (majorité noire dans le Sud). Cependant, les chercheurs paraissent gênés par ce résultat surprenant et se montrent d'une prudence inhabituelle dans l'interprétation.

«Les conditions dans lesquelles les maîtres évaluent habituellement les réponses orales dans une classe diffèrent substantiellement de certaines des conditions expérimentales. Dans l'étude, les maîtres n'avaient pas eu de contact préalable avec les étudiants, ne pouvaient avoir de contact visuel avec les étudiants, évaluaient leurs performances hors de tout contexte pédagogique et étaient confrontés à des réponses enregistrées non spontanées» (p. 239)[10].

Toutes ces remarques sont pleines de pertinence, mais devraient s'appliquer aussi lorsque les résultats prédits sont confirmés.

Nous terminerons cette revue critique consacrée aux attitudes des maîtres par deux recherches qui s'interrogent sur les corrélations existant entre différentes caractéristiques des enseignants (âge, sexe, diplôme, ...) et leurs attitudes linguistiques.

La première est due à Taylor (1973) et porte sur les attitudes des maîtres envers l'anglais «des noirs». Une échelle de Likert comprenant vingt-cinq opinions positives ou négatives à l'égard de «l'anglais noir» a été utilisée[11]. L'échantillon comprend quatre cent vingt-deux maîtres sélectionnés selon les critères suivants:
1. situation géographique de l'école,
2. sexe,
3. race,
4. spécialité,
5. nombre d'années d'enseignement,
6. niveau où le maître enseigne,
7. composition raciale de l'école,
8. éducation des parents.

On observe que les attitudes proprement dites tendent à varier en fonction des aspects envisagés. Ainsi, les maîtres n'ont pas *une* attitude envers le dialecte noir, mais des attitudes différentes selon que l'on envisage, par exemple, la structure du dialecte, les conséquences de son utilisation, la psychologie des usagers de l'anglais noir ou encore les capacités intellectuelles des locuteurs de cette variété[12].

En général, les attitudes neutres ou positives à l'égard de l'anglais noir dominent. En ce qui concerne les liens entre les caractéristiques

des maîtres et leurs attitudes, on voit se dégager les tendances suivantes:
- les maîtres qui ont de trois à cinq ans d'expérience d'enseignement ont des attitudes plus positives envers le dialecte que les maîtres débutants et beaucoup plus anciens (dix ans de pratique);
- les maîtres enseignant dans des écoles majoritairement fréquentées par les Noirs ont des attitudes plus favorables que ceux des écoles à dominante blanche;
- aucune différence significative ne distingue les enseignants des enseignantes, ni les Blancs des Noirs;
- peu de différences apparaissent suivant la région où le maître enseigne.

Deux points importants se dégagent de ce travail. Tout d'abord, contrairement à d'autres études, ce vaste *survey* met en évidence que les attitudes des maîtres vis-à-vis d'un dialecte non légitime — ici envisagées en elles-mêmes et non par comparaison avec la langue légitime — sont loin d'être unilatéralement négatives. Au contraire, ces attitudes se révèlent, dans l'ensemble, plutôt neutres ou positives, surtout lorsqu'il est question de la possibilité de laisser les enfants s'exprimer en dialecte noir à l'école.

En second lieu, la présence d'attitudes différenciées selon l'aspect envisagé (par exemple, structure du dialecte ou attitudes vis-à-vis des locuteurs) conduit à relativiser une nouvelle fois les résultats des études — en fait la majorité — qui infèrent les attitudes linguistiques à partir des jugements portés sur les usagers des différentes variétés étudiées.

Ces résultats sont, en grande partie, confirmés par Pietras et Lamb (1978) qui utilisent apparemment[13] un questionnaire s'inspirant des items de «l'échelle d'attitudes linguistiques» de Taylor (1973).

A chacun des nonante-neuf maîtres qui ont répondu au questionnaire est attribué un score de permissivité: acceptation — indifférence — rejet à l'égard du dialecte noir. On examine ensuite le lien entre les caractéristiques des maîtres et leur permissivité. On n'observe aucune corrélation significative entre la permissivité des maîtres, d'une part, et, d'autre part, leur âge, leur sexe, leur diplôme, leur ancienneté dans la profession et leur race. Mise à part l'ancienneté[14], ces résultats sont comparables à ceux de Taylor, mais contredisent à plusieurs égards la littérature sur les attitudes, puisque les jeunes, les hommes, et les Noirs ne se montrent pas plus permissifs.

La divergence entre les résultats de Taylor, Pietras et Lamb, d'une part, et ceux des études présentées précédemment, d'autre part, s'explique vraisemblablement par la différence des instruments de mesure utilisés : d'un côté, évaluation à partir d'échantillons enregistrés, de l'autre, évaluation « abstraite » ; d'un côté, étude des attitudes *via* l'évaluation des locuteurs, de l'autre, étude des attitudes sous différents aspects; d'un côté, évaluation contrastive des variétés légitimes et non légitimes, de l'autre évaluation du dialecte non légitime en lui-même.

Sans doute la méthode de recueil des attitudes par évaluation des locuteurs — de loin la plus courante — a-t-elle donné lieu à des résultats en général fort concordants. Mais, comme le soulignait Edwards (1982, p. 32), « cela ne garantit pas l'exactitude, les artefacts expérimentaux peuvent avoir joué de façon systématique »[15]. En effet, d'autres méthodes d'enquête (questionnaire, interview) conduisent souvent à des conclusions différentes.

En réalité, chacune de ces méthodes apporte un éclairage particulier, partiel et partial, sur les attitudes linguistiques.

« Comme chacune des méthodes a des points forts et des points faibles, il semble que l'évaluation la plus utile des attitudes linguistiques serait une évaluation fondée sur une approche éclectique. » (Edwards, 1982, p. 32)[16].

Malheureusement, le recours à des méthodes multiples est loin d'être fréquent et tend à se raréfier avec le temps (il était plus fréquent dans les recherches des pionniers dans ce domaine).

Mais revenons-en aux principaux résultats des études concernant les maîtres :

- D'un côté, les recherches qui infèrent les attitudes à partir des évaluations portées sur les locuteurs mettent en évidence l'existence d'attitudes négatives des maîtres à l'égard des variétés non légitimes parlées par les enfants appartenant à des communautés raciales et/ou aux couches sociales défavorisées. Dans ce cas, la race à laquelle appartiennent les maîtres semble jouer un rôle dans l'évaluation, les maîtres noirs évaluant plus favorablement les enfants des minorités linguistiques.

- D'un autre côté, des études qui portent sur différents aspects des variétés non légitimes, sans faire dépendre l'évaluation de locuteurs particuliers, aboutissent à des conclusions sensiblement différentes : attitudes relativement favorables au dialecte non légitime. Dans ce dernier cas, ces attitudes ne paraissent liées ni à la race des maîtres, ni à leur sexe, ni à l'éducation de leurs parents, ni à leurs diplômes. Seuls le nombre d'années d'enseignement et la composition raciale de l'école semblent parfois intervenir.

II. CONTRIBUTION EMPIRIQUE[17].

1. Objectifs.

Outre les objectifs généraux exposés précédemment, l'enquête auprès des enseignant(e)s de la région liégeoise poursuit un certain nombre d'objectifs spécifiques.

Ainsi, dans la foulée des questions relatives à la fonction normalisatrice de l'école, il nous a paru important de cerner avec quelque précision quelles sont les attitudes ou normes subjectives des maîtres chargés, dans la région liégeoise, de l'enseignement du français langue maternelle. On entend souvent dire que les enseignants ont des attitudes très normatives, ou plus normatives que le reste de la population. Un peu paradoxalement cependant, les enseignants sont écartés des études sur les attitudes linguistiques, en raison de leurs vues normatives, réelles ou supposées[18].

Nous avons voulu tester la réalité de ces attitudes : les enseignants sont-ils si «normatifs» qu'on le laisse parfois entendre? Constituent-ils, du point de vue linguistique, un groupe homogène? Leurs attitudes, leurs normes subjectives, leurs conceptions de ce qui est français, «correct», légitime, sont-elles uniformes? Il est de coutume, lorsque l'on évoque la variété linguistique enseignée à l'école, d'assimiler cette variété, non seulement à la variété parlée et écrite par les classes dominantes, mais aussi au «français parisien cultivé» ou, en tout cas, à une norme unique dont sont impitoyablement éliminés les particularismes sociaux et régionaux. En va-t-il réellement ainsi? L'étude des normes subjectives des enseignants devrait permettre de répondre à cette question et conduira peut-être à envisager sous un jour nouveau la relation entre école et norme(s) linguistique(s).

2. Echantillon.

L'enquête que nous avons menée auprès des enseignants comporte deux volets :
- un questionnaire écrit, diffusé à large échelle;
- un entretien oral auprès d'un échantillon plus restreint.

Au total, l'enquête a touché 214 maîtres, enseignant dans le primaire (instituteurs/trices) et dans le secondaire (régent(e)s littéraires et licencié(e)s en philologie romane).

La répartition des enseignants selon leur mode de participation à l'enquête est la suivante :

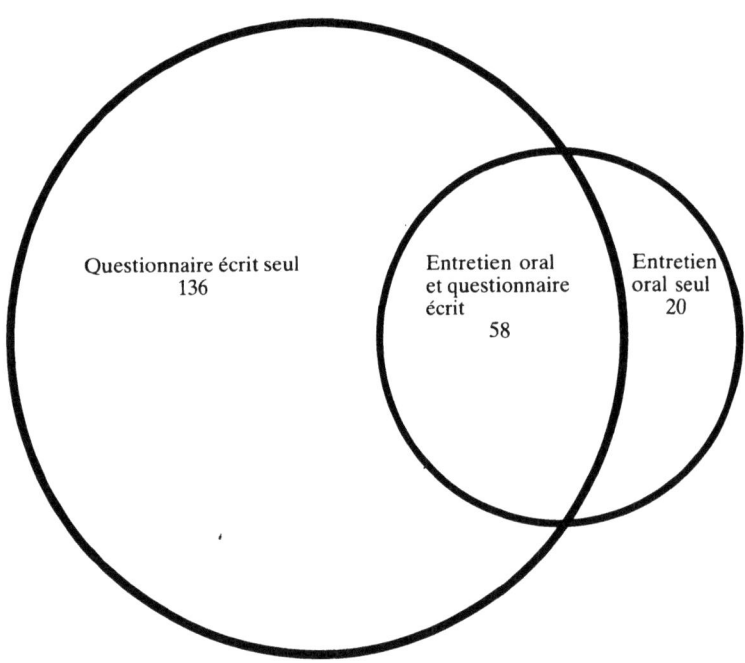

A. *Questionnaire écrit*.

Parmi les 193 questionnaires écrits recueillis, 47 % ont été remplis par des instituteurs, 22 % par des régents, 31 % par des licenciés.

Quarante-deux pour cent de ces enseignants sont des hommes, 58 % des femmes. La moyenne d'âge est de 40 ans. La grande majorité des enseignants concernés (93 %) résident dans la région liégeoise et 79 % en sont originaires.

B. *Entretien oral*.

Parmi les 78 entretiens effectués, 37 % l'ont été avec des instituteurs, 29 % avec des régents, 34 % avec des licenciés en philologie romane. Trente-sept pour cent des personnes interrogées sont des hommes, 63 % des femmes. Leur moyenne d'âge est de 38 ans. Tous les enseignants interviewés résident dans la région liégeoise, et la majorité (86 %) en sont originaires.

3. Recueil des données.

Pour l'entretien oral, les données ont été recueillies de la même manière que chez les élèves : entrevue et enregistrement des réponses au magnétophone, à l'école, par six étudiant(e)s en psychologie ou en sciences de l'éducation.

4. Epreuves[19].

Comme chez les élèves, questionnaire et entretien comportent des questions sociolinguistiques d'une part, des épreuves de production d'autre part.

A. *Questionnaire écrit.*

- Evaluation de cinq accents francophones (bruxellois, parisien, liégeois, provençal, québécois) sur huit échelles bipolaires (différentiateur sémantique d'Osgood).
- *Qu'est-ce que bien parler?* Citer des exemples de personnalités qui parlent bien ou qui parlent mal.
- *Lorsque l'enseignant parle, surveille-t-il son langage? En quelles circonstances? A quoi est-il attentif?*
- Exemples d'expressions que l'enseignant «déteste» voir employer (citer trois exemples).
- Echelle de vingt opinions relatives à la langue maternelle et à son enseignement, avec lesquelles l'enseignant doit marquer son degré d'accord (Echelle de Likert).
- Epreuve de jugement de phrases écrites (10) comportant différents types d'«erreurs».

L'objectif de l'épreuve est :
- d'évaluer dans quelle mesure le maître est sensible à chaque type particulier d'écart;
- de dégager, en comparant les jugements portés sur les différentes phrases, l'importance relative des différents types d'erreurs;
- d'estimer la tendance des maîtres à «sur-corriger». En effet, les maîtres ont la latitude de souligner dans les phrases d'autres «défauts» que ceux que nous y avons volontairement glissés.

B. *Entretien oral.*
1. *QUESTIONS SOCIOLINGUISTIQUES.*

- Jugement de phrases orales; l'épreuve constitue l'équivalent oral de l'épreuve de jugement de phrases écrites.

L'objectif est de dégager le système de normes que mettent en jeu les enseignants lorsqu'ils évaluent des productions linguistiques orales. Quelles «erreurs» sont considérées comme plus ou moins graves: celles touchant au vocabulaire, à la syntaxe, à la morphologie? Quelle place est faite, dans cette hiérarchie, aux belgicismes? Sont-ils identifiés comme tels? Y a-t-il un hypercorrectisme scolaire (Marchand, 1971) qui pousse les maîtres à considérer comme des erreurs graves des phénomènes[20] qui sont extrêmement fréquents, non seulement dans le langage des enfants, mais dans celui des adultes issus, selon les termes de Vaugelas, de la partie «la plus intelligente et la plus saine de la société»?

- *L'autorité linguistique.* L'objectif de l'épreuve est d'évaluer à qui les enseignants accordent le plus d'autorité en matière linguistique: au grammairien, à l'écrivain, à un de leurs collègues, à un Français ou à un Belge?

- Epreuve *Choix d'une institutrice.* Cette épreuve offre quelque parenté avec la technique du *locuteur masqué*[21], que nous avons souvent évoquée dans le chapitre I. Une même locutrice dit deux textes où elle joue le rôle d'une personne qui se présente en vue d'obtenir une place d'institutrice. Le contenu des deux textes est pratiquement identique, mais ceux-ci diffèrent par certains traits formels. On annonce aux sujets interrogés qu'il s'agit de deux personnes différentes et on les invite à choisir laquelle des deux convient mieux pour l'emploi et à justifier leur choix (question ouverte). A la différence du *locuteur masqué*, les caractéristiques associées aux discours des deux personnes sont donc laissées à l'appréciation des enseignants.

- Epreuve *Auto-identification et normes subjectives.* L'épreuve est constituée de quinze paires de phrases; chacune des paires comporte deux variantes (différences d'accent, de débit, légère variation syntaxique ou lexicale) d'une même phrase, prononcées par une même locutrice. On fait entendre au sujet le couple de phrases, ensuite on lui demande:
1. *Quelle est la différence entre les deux phrases?*
2. *Laquelle des deux variantes correspond à votre façon habituelle de parler?*
3. *Laquelle des deux variantes représente la façon correcte de parler?*

L'objectif de cette épreuve est double. D'un côté, il s'agit d'établir quelles sont les normes subjectives des enseignants: ce que les enseignants estiment être la forme correcte se confond-il, dans tous les cas, avec la variante légitime?

D'un autre côté, on évaluera dans quelle mesure les maîtres s'identifient aux variantes qu'ils considèrent comme correctes.

En outre, en rapportant l'auto-identification des maîtres à leur pratique linguistique réelle, telle qu'elle apparaît dans les différentes sections de l'interview, on mesure si les enseignants ont tendance à se surestimer ou à se sous-estimer, s'ils ont tendance à reconnaître dans leur pratique une norme qu'ils ne pratiquent pas réellement.

2. EPREUVES DE PRODUCTION.

Comme aux élèves, il a été demandé aux enseignants de raconter un épisode personnel (grande peur) et de lire un texte à voix haute comme s'ils présentaient le journal télévisé.

a) Récit

L'objectif du récit est de recueillir un échantillon de langage relativement long et peu formel; on en tirera des indications sur la façon de parler du sujet, afin de les mettre en relation avec les résultats de l'épreuve d'*auto-identification*. C'est notamment sur la base de ce récit que l'on évaluera à quel degré le sujet possède un accent régional, et dans quelle mesure il contrôle cet accent dans des contextes plus formels.

b) Lecture de texte (voir Annexe, p. 143-144)

Contrairement à ce qui se passe avec le récit d'épisode effrayant, nous avons affaire, avec la lecture de texte, à ce que Labov considère comme un registre formel.

A travers cette lecture, plusieurs objectifs sont visés:
- Evaluer à quel degré le sujet, dans ce contexte particulier, présente un accent régional.
- Déterminer si, quand on passe d'un registre peu formel (récit) à un registre formel (lecture de texte), le sujet se surveille davantage et s'il présente, lors de la lecture, comme il en est fait état dans la littérature (Labov, 1976; Trudgill, 1975; Romaine, 1980), moins de réalisations régionales.
- Vérifier si, pour un certain nombre de phénomènes particuliers (*il* — liaisons), l'enseignant manifeste, dans ce contexte où il donne en principe le «meilleur» de lui-même, les comportements qu'il a affirmé être habituellement les siens lors de l'épreuve d'*auto-identification*. Il s'agit donc de mesurer si, par rapport à ce contexte, l'enseignant a tendance à se surestimer ou à se sous-estimer.

5. **Hypothèses générales.**

Les indications fournies dans la littérature (Trudgill, 1975) nous ont conduite à envisager un effet du sexe sur les réponses enregistrées.

Par ailleurs, le diplôme (instituteur, régent, licencié)[32] dont est porteur l'enseignant devrait avoir une incidence sur un certain nombre de variables et ce à double titre. D'une part, la différence de diplôme équivaut à une différence de public; il va de soi que les opinions sur la langue maternelle et son enseignement, la hiérarchie de gravité des «erreurs», varient suivant que le maître s'adresse quotidiennement à des enfants de huit ans ou à des adolescents de dix-huit ans. D'un autre côté, les attitudes et représentations prennent appui sur un monde de connaissances techniques (linguistiques, sociologiques, psychologiques, historiques, etc.), qui diffère presque nécessairement selon que l'enseignant a suivi deux ou quatre ans de formation, universitaire ou non. Il est donc légitime de s'attendre à une importante variation selon le diplôme.

6. **Discussion des résultats.**

La place nous manque pour exposer avec quelque détail les résultats enregistrés[23]. Nous tenterons dès lors d'extraire de cet ensemble les principales lignes de force, en nous centrant sur quatre aspects:
- les attitudes envers les régiolectes belges (belgicismes, régionalismes; accents liégeois et bruxellois);
- les différences observées selon le diplôme;
- les différences observées selon le sexe;
- le rapport des enseignants à la variété légitime.

On entend souvent dire que les enseignants sont des locuteurs particulièrement normatifs. Par ailleurs, la variété linguistique enseignée à l'école est fréquemment associée au *français parisien cultivé*[24]. Ces deux affirmations donnent à penser, d'une part, que les enseignants constituent un groupe tout à fait homogène, indivis, de défenseurs de la variété légitime, d'autre part que la variété enseignée à l'école est parfaitement uniforme, de Paris à Marseille, ou de Liège à Bruxelles. Les réponses apportées par les enseignants à nos questions prouvent que cette prétendue uniformité n'est que relative: même si les enseignants sont gens de norme, on constate de notables différences dans la façon dont les instituteurs, les régents, les licenciés connaissent les divers aspects de la variété légitime et dans leurs attitudes à ce propos. Certains se montrent par exemple plus sensibles que d'autres aux particularismes régionaux, d'autres connaissent moins bien les prescriptions de la variété légitime en la matière.

A. L'attitude envers les régiolectes et l'autorité française.

Une proportion non négligeable d'enseignants liégeois (36 %) s'expriment avec un accent régional marqué, même si peu d'entre eux (un quart à peine) le reconnaissent: nombreux sont en effet les maîtres qui se surestiment sous ce rapport. Mais, sous quelque angle que l'on aborde le problème, il apparaît en vérité que l'élimination des particularismes régionaux (accents, belgicismes) n'est pas au centre de leurs préoccupations normatives. Ainsi, la majorité des enseignants (95 %) affirment qu'ils surveillent leur langage et qu'ils souhaiteraient en modifier certains aspects, en priorité le vocabulaire, le débit ou la syntaxe. Mais un quart à peine sont attentifs à l'accent, et seuls quelques-uns (8 %) évoquent, de façon spécifique, les belgicismes. De même, parmi la moisson d'expressions «détestables» recueillies[25], on compte peu de belgicismes (cités par 15 % d'enseignants en moyenne). Dans les définitions du «bien parler», les caractéristiques phonétiques et articulatoires apparaissent à égalité avec la correction du vocabulaire et de la syntaxe; plusieurs des enseignants interrogés expriment ainsi leur idéal: «*pas trop d'accent*».

- «*Si elle n'a quand même pas un accent extraordinaire qui déforme ses propos.*»
- «*Si elle a un accent, ça ne me dérange pas tellement, sauf si vraiment cet accent est inutilement traînant.*»
- «*L'accent moyen, légèrement teinté d'accent local comme nous avons tous probablement, ne me frappe pas.*»
- «*Un accent régional pas trop prononcé.*»

La formule est évidemment peu opérationnelle, mais elle suggère une mise à distance du modèle légitime.

- «*Ce que je ne supporte pas, c'est les gens qui fransquillonnent et qui pincent leur langage.*»

Quant à l'absence de belgicismes, elle n'intervient pratiquement pas (4 % d'enseignants l'évoquent) parmi les critères du «beau langage». Soixante-six pour cent des maîtres marquent d'ailleurs leur accord avec la proposition: «*certains belgicismes sont savoureux; il ne faut pas les étouffer*» et 45 % estiment qu'il ne faut pas s'acharner à éliminer les marques régionales du discours des élèves.

Qu'en est-il, au-delà des affirmations générales, lorsque l'on soumet au jugement des maîtres des particularismes régionaux? Comment les évaluent-ils par rapport à d'autres variations linguistiques ? Dans les épreuves de jugement de phrases orales et écrites, il faut d'abord souligner que les belgicismes ne sont pas repérés par tous les enseignants comme des erreurs. Non pas que les enseignants fassent preuve de tolérance à ce propos, ils ignorent simplement qu'il s'agit de formes non légitimes. C'est le cas par exemple pour *savoir* (au lieu de *pouvoir*) et pour *assez bien de* (au lieu de *pas mal*). Quand les belgicismes sont identifiés, ils sont cependant considérés comme peu graves, dans l'absolu, et, relativement, comme les erreurs parmi les moins graves qui soient; les fautes d'orthographe, l'utilisation de tournures comme *c'est pas, où est-ce que, faire un accident*, sont vues comme des «erreurs» bien plus graves que les belgicismes. D'une façon générale, les particularités régiolectales sont nettement mieux tolérées que les particularités sociolectales (*les ciseaux que je me suis servi, la rue ousqu'y a*), ce que confirme le pourcentage élevé d'enseignants (60 %) qui pensent qu'«*il faut tout faire pour éliminer du langage des élèves les signes d'appartenance à un milieu peu cultivé*», alors que 36 % seulement affirment qu'il faut agir de même à propos des marques régionales.

Tolérance donc à l'égard des particularités régionales, mais aussi, ne l'oublions pas, relative ignorance de la variété légitime.

Dans l'épreuve intitulée *normes subjectives et auto-identification*, il apparaît aussi, lorsque l'on demande aux enseignants d'identifier, parmi deux variantes, la forme correcte, que certains enseignants considèrent la variante régionale comme plus correcte que la variante légitime. Le phénomène s'observe pour les belgicismes *savoir (pouvoir)* et *trop que pour (trop pour)*[26]; il s'observe aussi dans le domaine morpho-phonologique : 25 % des enseignants pensent qu'il est plus correct de faire entendre le yod du participe féminin *mariée*, 43 % estiment, par hypercorrection[27], que l'on doit réaliser *famille*/fami/ plutôt que /famij/. Cette relative méconnaissance de la variété légitime, soulignons-le, est sélective. Elle augmente lorsque des phénomènes régionaux sont concernés, particulièrement s'ils sont de nature morpho-phonologique.

A côté de cela, qu'en est-il de la façon dont les enseignants identifient leurs pratiques, du point de vue de ces particularités régionales ? Si l'on excepte le cas du débit et des liaisons facultatives, c'est dans le domaine du régiolecte que les maîtres avouent le plus souvent pratiquer des formes déviant d'une variété légitime qu'ils connaissent bien : ainsi un quart des enseignants savent qu'on doit dire *pouvoir (sans lunettes, je ne peux pas lire)*, mais continuent à utiliser *savoir*; quelque 15 % des maîtres reconnaissent parler avec un accent régional, ou marquer le yod au féminin (/Vj/).

Ainsi, la proportion d'enseignants qui avouent pratiquer des formes régionales (en les considérant ou non comme correctes) se révèle, dans certains cas, importante: 38 % pour la réalisation des finales /Vj/, 16 % pour l'accent régional et *trop que pour*, 43 % pour *savoir (vs pouvoir)*[28]. Or, l'on sait que cette proportion est en-dessous de la vérité[29], car les enseignants, comme sans doute la plupart des locuteurs, sont portés à se surestimer.

Si l'on tient compte de la connaissance de la variété légitime dont font preuve les enseignants et de leur comportement linguistique (d'après leurs estimations), il est probable que la variété enseignée aux élèves comporte un certain nombre d'éléments du régiolecte belge[30]; ceci ne l'empêche toutefois pas d'être une variété «légitime», étrangère aux pratiques des élèves, pour d'autres aspects[31]. C'est donc un peu abusivement que l'on assimile la variété enseignée à l'école au français parisien cultivé; pour la communauté française de Belgique, la variété scolaire doit plutôt être identifiée avec l'usage des Belges cultivés ou, plus vraisemblablement, avec l'usage de la petite bourgeoisie locale.

Cela dit, lorsque les enseignants reconnaissent, plus facilement que dans d'autres domaines, pratiquer des formes régionales qu'ils savent être déviantes par rapport à la variété légitime, c'est sans doute qu'ils n'éprouvent pas d'attitudes très négatives à l'égard du régiolecte, ou qu'ils considèrent l'imposition du modèle français avec une certaine réticence[32].

L'attitude mitigée des enseignants belges à l'égard du régiolecte liégeois et de la variété légitime (française) est bien illustrée par les résultats enregistrés à l'épreuve où il leur était demandé de choisir entre deux candidates («wallonne» ou «française») pour un emploi d'institutrice (voir texte en annexe p. 152). Les choix, en effet, se portent de façon équilibrée sur les deux candidates. Mais alors que s'expriment, dans les commentaires, relativement peu d'attitudes négatives envers l'accent wallon, on relève plusieurs critiques à propos du discours francisant (accent français, utilisation de *soixante-dix*).

- «*Elle est snob; elle fransquillonne.*»
- «*Ce qui m'a un peu gêné, c'est sa façon de vouloir employer «soixante-dix», essayer de faire bien de ce côté-là, c'est peut-être soigner son langage de façon exagérée.*»
- «*Le soixante-dix, on doit réserver ça aux Français.*»
- «*Employer l'expression soixante-dix, alors que nous sommes en Belgique, je ne sais pas...*»
- «*Elle emploie un accent un petit peu pincé, elle paraît un petit peu pédante.*»
- «*Elle a une diction un petit peu plus apprêtée, qui en principe devrait séduire, mais peut-être le fait d'avoir une diction trop précise fait-il qu'on perçoive la personne comme un peu plus guindée, un peu plus maniérée, c'est ça peut-être qui plaît moins.*»

Manifestement, l'adoption, par une des candidates, de variantes typiquement françaises est peu appréciée. Rien n'irrite plus, en apparence, que le fait de «fransquillonner»[33], perçu comme une forme de prétention déplacée pour une institutrice belge.

De même, quand on demande aux enseignants s'ils accepteraient les remarques linguistiques d'un certain nombre de personnes, on constate que les enseignants ne sont pas prêts à accorder plus de crédit à un *Français cultivé* qu'à un *Belge cultivé*[34].

En réalité, à notre sens, ce qu'un certain nombre d'enseignants belges n'admettent pas, c'est de s'en laisser imposer par les Français sur leur propre marché régional. Ayant à subir, comme tout locuteur belge, les railleries des Français dès qu'ils s'aventurent en France, les enseignants tolèrent mal les intrusions du modèle français sur un marché local où ils estiment qu'il leur appartient de fixer les prix.

Toutefois, les réactions des enseignants belges dans des situations où il est fait implicitement référence à un marché restreint, local (choix d'une institutrice pour un emploi *en Belgique*; remarques portant sur *leur propre usage*) ne présagent en rien de ce que seront leurs réactions lorsque, faute de précisions contraires, la valeur des régiolectes est appréciée par rapport au marché officiel dans son ensemble. C'est ainsi qu'en dépit de leurs réticences à accepter les remarques d'un Français sur leur propre usage, les enseignants belges, quand on leur demande de citer des exemples de personnes qui parlent bien, mentionneront significativement plus de personnalités françaises que de personnalités belges[35]. Tous les enseignants, à une ou deux exceptions près, reconnaîtront que l'accent wallon est moins correct que l'accent légitime français. Les accents français (parisien et provençal), sur les échelles du différentiateur sémantique (voir annexe, p. 144) seront jugés plus raffinés, plus féminins que les accents belges (bruxellois, liégeois), perçus comme plus gras et plus grossiers. Les enseignants belges reconnaissent donc la valeur officielle de l'usage des Français, et plus particulièrement des Parisiens, qui est le modèle légitime par rapport auquel se définissent tous les particularismes, régionaux ou sociaux. Cependant, la reconnaissance de cette légitimité va de pair avec un attachement affectif envers les variétés régionales; si l'accent parisien est le plus raffiné de tous les accents, il a la froideur des monuments officiels[36]. Si l'on excepte le provençal, l'accent le plus chaud et le plus doux, pour les enseignants de la région de Liège, c'est leur accent, l'accent liégeois.

A la légitimité du parisien sur le marché officiel général, répondent donc la chaleur et la douceur de l'accent liégeois sur le marché restreint, local, où de telles valeurs affectives trouvent à s'exprimer.

En résumé, l'attitude des enseignants belges à l'égard des Français et de leurs façons de parler est foncièrement ambivalente : ils reconnaissent la légitimité des variétés françaises tout en se montrant attachés à exercer leurs prérogatives dans cette zone franche où ils sont autorisés à fixer en partie eux-mêmes le prix des valeurs linguistiques : sur le marché local, dans leurs classes, et pour leur propre usage. Sur ce marché restreint, l'autorité française a tendance à baisser, tandis qu'augmente corrélativement la valeur (surtout affective) de la variété régionale. N'oublions pas cependant que si de telles contre-valeurs[37] peuvent s'exprimer, c'est non seulement parce qu'elles sont en relation avec un marché restreint, c'est aussi en vertu des caractéristiques de cet autre marché que constitue la relation d'enquête.

Le fait d'avoir interrogé les enseignants à l'école (sur le terrain où ils sont *maîtres*) et le fait que les intervieweurs soient de jeunes étudiants universitaires *belges* contribuent à créer une situation relativement peu tendue, favorable à l'apparition d'attitudes qui s'exprimeraient sans doute moins ouvertement dans des contextes plus officiels.

B. *Les différences selon le diplôme*[38].

Instituteurs, régents et licenciés, pour plusieurs des questions étudiées, ne se distinguent guère : ainsi, par exemple, ils définissent de façon proche le « bien parler », accordent à peu de choses près le même crédit, en matière linguistique, à différentes autorités (grammairien, académicien...), évaluent semblablement les accents francophones, n'effectuent pas de choix différents à l'épreuve *choix d'une institutrice*. L'un des aspects les plus importants à souligner est qu'ils ne se distinguent pas par une tendance plus ou moins marquée à se surestimer, pour aucun des phénomènes concernés (accent, *il*, négations, liaisons).

A côté de ces points de concordance, on observe cependant un ensemble important, et cohérent, de divergences. La plupart du temps, c'est entre les instituteurs et les licenciés que les différences se marquent ; le groupe des régents apparaît comme un groupe intermédiaire, dont les réponses se rapprochent, tantôt de celles des instituteurs, tantôt de celles des licenciés[39].

Ainsi, quand on demande aux enseignants d'énumérer quelques expressions qu'ils trouvent « détestables », les instituteurs citent en priorité des expressions que, faute de mieux, nous appelons non conformes au style scolaire, telles *où est-ce que, c'est pas, il a été*, ou l'utilisation de verbes « peu expressifs » comme *dire, faire, mettre*, etc. ; les régents citeront moins d'expressions de ce type, et les licenciés encore moins. Ces deux derniers groupes, en revanche, évoqueront davantage de belgicismes que les instituteurs.

Dans les épreuves où il s'agit de juger des phrases orales et écrites non légitimes, on observe une tendance tout à fait analogue à celle que nous venons d'évoquer. Les régents, et surtout les licenciés, considèrent les belgicismes (*assez bien de, ne pas* savoir *écrire, faire difficile*) comme des erreurs plus graves que ne le font les instituteurs. Il est plus que vraisemblable qu'un certain nombre d'instituteurs ignorent en quoi ces belgicismes dérogent à la variété légitime. De même, les instituteurs estiment, plus souvent que les régents et les licenciés, peu graves certaines des «erreurs» de morphologie et de syntaxe, telles que le participe présent ne se rapportant pas au sujet, *se rappeler de, les ciseaux que je me suis servi, tu les a pris les clefs?* ou *c'est ceux-là qui-z-ont...* Cette différence de jugement obéit probablement à deux ordres de raisons : d'une part les instituteurs, qui s'adressent, en général, à un public jeune, ont tendance à se montrer plus tolérants; d'autre part, dans un certain nombre de cas (*se rappeler de*, participe présent, *tu les as pris les clefs?*), ils repèrent moins souvent l'«erreur» envisagée. A côté de cela, on remarque que ce sont principalement les instituteurs et, dans une moindre mesure les régents, qui découvrent dans les phrases des «erreurs» autres que celles que nous prévoyions : *écrire petit*, utilisation des verbes *mettre, dire, il y a*, construction de l'interrogative sans inversion sujet-verbe. Dans le même ordre d'idées, les instituteurs trouvent beaucoup plus incorrecte que les autres maîtres la question construite avec le chaînon *est-ce que*. Les instituteurs se distinguent donc de nouveau des deux autres groupes par une focalisation plus grande sur les tournures non conformes au style scolaire d'une part, par une plus grande tolérance (due sans doute à une ignorance partielle de la variété légitime) à l'égard des belgicismes.

Si l'on examine les réponses à l'épreuve *normes subjectives et auto-identification*, on retrouve une même distinction : les instituteurs sont beaucoup plus nombreux (56 %) que les régents (9 %) et les licenciés (0 %) à penser qu'il est plus correct de dire *trop que pour*. Une majorité d'entre eux considèrent donc la variante régionale comme la forme légitime. A côté de cela, quand sont concernées des variantes non conformes au style scolaire, telles que la réalisation de *il/i/* ou une question formulée avec *est-ce que*, les instituteurs et les régents, dans une certaine mesure, se montrent beaucoup plus sûrs que l'une des deux formes est plus correcte que l'autre, alors que les licenciés se montrent, en la matière, plus circonspects.

Il se dégage donc de ces quatre épreuves un système cohérent d'oppositions : d'un côté les instituteurs, dont les attitudes envers les particularismes régionaux sont assez tolérantes[40], mais qui développent des attitudes très négatives à l'égard de certaines tournures non conformes au style scolaire; de l'autre, les licenciés, qui se montrent plus sensibles aux belgicismes, mais moins irrités par ces tournures non scolaires. Entre les deux, les régents expriment des attitudes plus mitigées, mais davantage proches de celles des licenciés que de celles des instituteurs.

Ces différences dans la façon dont instituteurs, régents et licenciés conçoivent diverses infractions à la variété légitime trouvent un écho dans la manière dont les enseignants des trois groupes identifient leurs pratiques linguistiques. Les instituteurs affirment, plus souvent que les régents et les licenciés, s'exprimer avec un accent régional (en général et pour certaines réalisations, telles /Vj/) et utiliser habituellement tel ou tel belgicisme (*trop que pour*); en revanche, ils se montrent beaucoup plus réticents à reconnaître qu'ils formulent leurs questions à l'aide du chaînon *est-ce que*.

Si l'on en revient à ce que nous disions dans la première partie de cette synthèse sur le caractère partiellement régional de la variété enseignée en Belgique, l'on peut maintenant ajouter que ce caractère régional varie en fonction du niveau scolaire. En effet, il apparaît que les instituteurs, les régents et les licenciés ont une connaissance inégale des aspects régionaux condamnés par la variété légitime et qu'ils ont des attitudes différentes par rapport aux caractéristiques du régiolecte. Le caractère régional de la variété enseignée à l'école devrait donc en moyenne être plus accentué au niveau primaire et diminuer au fur et à mesure que l'on progresse dans la scolarité secondaire. Cette hypothèse ne pourrait toutefois être confirmée que par une étude du comportement effectif des enseignants en classe, dans différents types d'écoles (plus ou moins «bien cotées»), car rien ne prouve *a priori* qu'il existe une relation linéaire entre les attitudes et le comportement des personnes que nous avons interrogées.

Enfin, instituteurs et régents sont d'avis, davantage que les licenciés, qu'il faut s'attacher à éliminer les particularités *sociales* du langage des élèves. En revanche, les instituteurs s'affirment moins prêts que les enseignants des deux autres groupes à poursuivre les particularités *régionales*, opinion qui est en parfaite conformité avec les attitudes qu'ils ont manifestées tout au long du questionnaire et de l'entretien.

C. *Les différences selon le sexe*[41].

Nous avons déjà exposé, à propos des élèves, les différentes hypothèses émises dans la littérature sur le lien entre pratiques et attitudes linguistiques d'une part, sexe des locuteurs d'autre part. Nous nous contenterons donc d'un bref rappel: plusieurs études (Labov, 1976; Trudgill, 1975) ont établi que les femmes, à classe sociale équivalente, produisent davantage de formes légitimes que les hommes, se montrent plus sensibles à ces formes et se surestiment davantage.

Appliquées à notre enquête, ces hypothèses générales prennent la forme suivante. On peut s'attendre:
- concernant l'évaluation des différents accents, à ce que les femmes jugent plus souvent que les hommes les deux accents bruxellois et liégeois grossiers, gras et masculins, à ce qu'elles les trouvent moins chauds et moins doux; à ce qu'elles apprécient davantage la norme de prestige que représente l'accent parisien;
- à ce qu'elles identifient plus souvent que les hommes leurs productions linguistiques à la variété légitime;
- à ce qu'elles s'expriment avec un accent régional moins marqué;
- à ce qu'elles se surestiment davantage;
- à ce qu'elles choisissent, plus souvent que les hommes, l'institutrice «française».

*
* *

Les hypothèses que nous faisions à la suite de Labov et de Trudgill ne sont que partiellement confirmées, quand elles ne sont pas infirmées.

En ce qui concerne l'évaluation des accents régionaux, les femmes ont tendance à trouver le parisien plus raffiné que les hommes, ce qui va dans le sens des hypothèses émises; en revanche, on ne relève aucune des différences escomptées dans l'évaluation des accents belges. La seule différence qui apparaisse irait plutôt à rebours des hypothèses, car les femmes évaluent plus favorablement que les hommes le liégeois sur l'échelle *maussade-jovial*.

De l'épreuve *normes subjectives et auto-identification*, il ressort que les femmes ont une attirance un peu plus prononcée que les hommes pour les variantes légitimes ou hypercorrectes, et qu'elles sont plus réticentes que les hommes à reconnaître de manière franche qu'habituellement elles utilisent des variantes non légitimes. La tendance est cependant faible par rapport à l'hypothèse envisagée.

Contrairement à ce qu'on attendait, les femmes de notre échantillon ne s'expriment pas avec un accent régional moins marqué que les hommes; c'est même le phénomène inverse que l'on observe.

Enfin, à l'épreuve où l'on demandait aux enseignants de choisir, pour un emploi d'institutrice, entre deux candidates, l'une s'exprimant avec un accent wallon, l'autre avec un accent français, on ne relève aucune différence significative entre les choix des enseignants et ceux des enseignantes; les femmes ne montrent apparemment pas une plus grande attirance pour la locutrice qui s'exprime avec un accent prestigieux[42].

En résumé, que penser des différences enregistrées selon le sexe des locuteurs?

Assurément, celles-ci sont moins nombreuses, et s'organisent en un tableau moins cohérent que ne le laissaient présager les travaux de Labov (1976, 1983) et surtout de Trudgill (1975)[43]. Nous avons déjà eu l'occasion de développer les questions que suscitait en nous ce type d'études, par ailleurs extrêmement intéressant; n'y a-t-il pas interaction du sexe avec d'autres variables (classe sociale, notamment)? Est-il possible de neutraliser l'effet de ces autres variables pour envisager isolément l'effet du sexe? Compare-t-on des choses comparables lorsqu'on compare ouvrier à ouvrière, employé à employée, enseignant à enseignante, avocat à avocate? En d'autres termes, nous nous sommes demandé si les effets que l'on impute au sexe des locuteurs ne tiennent pas, en partie ou totalement, à l'effet de variables non prises en considération, comme l'effet de trajectoire sociale. Cette explication du comportement des femmes par la trajectoire sociale a été évoquée aussi bien par Labov, par Trudgill que par le sociologue français Bourdieu (1983): ce qui pousserait les femmes à adopter et à apprécier plus que les hommes les formes linguistiques prestigieuses serait leur inscription sur une trajectoire sociale ascendante, que celle-ci s'exprime dans le travail ou dans le mariage.

Or, notre échantillon présente une particularité sous cet aspect: c'est que les femmes y ont, en moyenne, une trajectoire sociale moins ascendante que celle des hommes[44]. Ceci pourrait expliquer en partie pourquoi nous ne retrouvons que très isolément les différences généralement imputées au sexe des locuteurs. Les enseignantes de notre échantillon se trouvant sur une trajectoire relativement moins ascendante que les hommes, manifesteraient moins leurs comportements et attitudes «habituels»; les enseignants, en revanche, se trouvant sur une trajectoire plus ascendante, adopteraient davantage des comportements ou des attitudes traditionnellement considérés comme féminins (s'exprimer «sans» accent par exemple).

Enfin, il ne faut pas négliger la possibilité d'un effet d'interaction spécifique entre le sexe des locuteurs et la profession qu'ils exercent (enseignement); cette profession occupe en effet une position particulière eu égard à la variété légitime. Etant donné, d'une part, ce que ce métier suppose d'adhésion (en général) à la variété légitime[45], d'autre part, l'importante féminisation de la fonction enseignante, il est probable que les hommes qui décident d'embrasser la profession se distinguent par l'adoption de comportements et d'attitudes linguistiques traditionnellement considérés comme plus «féminins». Pour franchir la barrière psychologique que représente l'accès à un métier très féminisé, il faudrait donc, en d'autres termes, que les hommes fassent la preuve qu'ils adhèrent fortement aux valeurs de la profession[46], davantage que les femmes, à qui cette profession revient comme naturellement. Cette position particulière pourrait, à son tour, contribuer à expliquer pourquoi nous ne retrouvons guère, dans notre échantillon, les différences qui séparent, dans d'autres études, les comportements et les attitudes des locuteurs et des locutrices.

D. *Enseignants et variété légitime.*

Quand les sociologues (Bourdieu, 1982) ou les pédagogues (Leroy, 1975) évoquent la langue légitime ou LA NORME, ils assimilent généralement la variété linguistique enseignée à l'école à l'usage prescrit par les ouvrages normatifs (*Bon Usage*). L'enquête auprès des enseignants montre que cette assimilation n'est pas entièrement fondée. Certes, les normes subjectives des enseignants entretiennent une parenté avec la variété décrite ou prescrite dans les ouvrages normatifs; néanmoins, les points de divergence ne manquent pas. Ils sont principalement de deux ordres. D'une part, les enseignants, et surtout les moins diplômés d'entre eux, ignorent un certain nombre des prescriptions normatives; cette ignorance est particulièrement accusée dans le domaine phonique et dans celui des particularités régionales (belgicismes). D'autre part, les enseignants se distinguent des grammairiens normatifs par une condamnation sans appel de formes qui échappent en partie aux prescriptions de ces derniers: réalisation du pronom personnel de la troisième personne du singulier /i/, utilisation de la négation simple, formulation des questions sans inversion sujet-verbe ou avec l'aide du chaînon *est-ce que*, emploi des verbes *faire, mettre, dire*, etc. Les enseignants, moins puristes que les grammairiens pour certains aspects, le sont donc davantage pour d'autres.

NOTES

[1] Précisons toutefois que pour le langage, l'opposition entre bon/mauvais repose sur les réponses à une échelle bipolaire (*paraît intelligent... / ne paraît pas intelligent*).
[2] «*Speech style was an important cue to the teachers in their evaluations of students.*» (p. 345).
[3] «*Even when combined with other cues, the effect did not diminish.*» (p. 345).
[4] «*Confidence-eagerness*»; «*standardness-ethnicity*». Par la suite, ces deux facteurs deviendront en quelque sorte les piliers obligés de toutes les recherches sur les attitudes des maîtres.
[5] Bien qu'avec un échantillon fort faible (n = 12).
[6] Reste à voir évidemment si les maîtres ont bien perçu l'intention sous-jacente des chercheurs et bien compris l'échelle «bon/mauvais communicateur» comme liée aux aspects fonctionnels.
[7] L'évaluation du langage ne concerne pas les seuls aspects présents dans la lecture de texte. Les juges doivent aussi se prononcer sur d'autres capacités des enfants (compétence générale, par exemple).
[8] Malheureusement, l'étude ne fournit pas les résultats bruts, mais seulement ceux de l'analyse de variance. On sait donc que les maîtres sont moins sûrs d'eux dans certains cas, on ne sait pas dans quelle mesure ils sont sûrs d'eux.
[9] On peut penser aussi qu'un effet de désirabilité sociale pousse les maîtres à affirmer qu'ils sont peu sûrs d'eux lorsqu'ils rendent des jugements défavorables. Ceci ne nous empêche pas de penser que dans certains cas, les individus répondent aux tests d'attitudes comme s'il s'agissait de tests de connaissance. Nous avons l'impression que les individus répondent, non pas en fournissant leur attitude personnelle, mais veulent montrer leur connaissance du stéréotype; ce serait là une forme particulière de désirabilité sociale: fournir au chercheur le stéréotype dont il semble rêver.
[10] «*It should be noted that the conditions under which teachers usually evaluate oral answers in a classroom differ substantially from some of the experimental conditions. In the study, teachers had had no previous contact with the students, had no visual contact available, evaluated students'performance in the absence of any instructional framework, and were presented with rehearsed rather than spontaneous answers...*» (p. 239).
[11] La méthode utilisée dans ce vaste *survey* (échelle de Likert) est fort différente de celle utilisée dans les autres études; il s'agit ici de marquer son accord avec une opinion, non de produire une évaluation.
[12] Le plus souvent, seul ce dernier aspect est envisagé dans les études sur les attitudes.
[13] L'article est extrêmement vague sur ce point.
[14] Le découpage en catégories (tranches d'années) n'est pas le même que chez Taylor, ce qui peut expliquer la différence des résultats.
[15] «*This does not in itself garantee accuracy, artefacts of experimentations may themselves be quite consistent*».
[16] «*Since each of these has both strengths and weaknesses, it is apparent that the most useful assessment of language attitudes would be one based upon some eclectic approach*».
[17] Pour une description du contexte linguistique belge, voir ci-avant, p. 72 et sq.
[18] Voir par exemple Gueunier (1978).
[19] Les épreuves ici brièvement présentées figurent en annexe, ainsi qu'une description plus détaillée de leurs caractéristiques et de leurs objectifs.
[20] Ainsi — *ousqu'y a* (item 2) — *les ciseaux que je me suis servi* (item 3), et surtout *c'est ceux-là* (non-accord de *c'est*) et *tu les a pris les clefs* (non-accord du participe passé).
[21] C'est ainsi que nous traduisons *matched-guise*.
[22] En Belgique, les instituteurs et les régents littéraires suivent une formation non universitaire courte (deux ans au moment de l'enquête, trois ans à ce jour); les premiers

enseignent la langue maternelle au niveau primaire, les seconds dans les premières années du secondaire. Les licenciés en philologie romane ou agrégés de l'enseignement secondaire supérieur reçoivent une formation en quatre ans à l'Université et enseignent, le plus souvent, dans les dernières années du secondaire.

[23] Les personnes intéressées par une description approfondie peuvent se reporter à Lafontaine (1985a).

[24] Par exemple, *Programme de français Langue maternelle*, Direction générale de l'Organisation des Etudes (1977). «Plutôt que d'imposer d'emblée «LE» bon usage, fondé sur les habitudes linguistiques sélectionnées et sur celles d'une élite parisienne, on insiste aujourd'hui sur la diversité des français» (p. 5). On peut d'ailleurs s'interroger avec Houdebine (1982) sur la «réalité» que recouvre ce français parisien cultivé, «les linguistes ne vont pas sans partager de telles fictions. Leur homogénéisation du français sous celle de «parisien cultivé» ne relèverait-elle pas d'une norme fictive? L'étude précise des comportements de locuteurs parisiens l'a démontré» (pp. 47-48).

[25] Réponses à la demande: *Citez trois expressions que vous détestez voir employer.*

[26] Respectivement 19 % et 22 % de «mauvaises» identifications de la variété légitime.

[27] Certains assimilent la prononciation /famij/ à d'autres utilisations régionales non légitimes.

[28] A titre comparatif, seuls 7 % des maîtres admettent utiliser *où est-ce que*, 13 % réaliser *il* sous la forme /i/.

[29] Notamment pour l'accent.

[30] Ce caractère partiellement régional de la variété linguistique enseignée à l'école explique sans doute en partie pourquoi les élèves ne développent pas de façon précoce des attitudes négatives envers le régiolecte liégeois, à la différence de l'Italie, où Cremona et Bates (1977) ont montré que dès le début de l'enseignement primaire, les enfants rejetaient le dialecte parlé à la maison en faveur de l'italien légitime.

[31] Par son rejet des sociolectes populaires, qui est lui, très affirmé.

[32] Dans le cadre, soulignons-le, d'une enquête menée en *Belgique*.

[33] En Belgique «utiliser des expressions à la *soixante-dix*» et «*fransquillonner*» sont des formules péjoratives pour désigner les locuteurs qui cherchent à imiter le parler des Français.

[34] C'est au grammairien et à l'académicien qu'ils reconnaissent le plus d'autorité; ensuite à l'enseignant de français et enfin à un groupe indifférencié, composé de l'écrivain, du Français et du Belge cultivés, et du «meilleur ami».

[35] En tête du palmarès des personnes «qui parlent bien, on trouve F. Mitterand et C. Ockrent, suivis du président du parti socialiste belge, G. Spitaels. Pour les locuteurs qui parlent mal, c'est l'ancien champion cycliste belge, Eddy Merckx, qui remporte la palme, devant G. Marchais et J. Gol (actuel vice-premier ministre en Belgique).

[36] Il est, pour les enseignants, le plus dur, le plus froid, le plus sec, le plus banal, le plus terne de tous les accents.

[37] Ne pas reconnaître plus de crédit au Français qu'au Belge; critiquer l'utilisation de l'accent français ou celle de *soixante-dix*.

[38] Différences calculées par un χ^2 ou un t de Student, selon la nature des variables.

[39] Les instituteurs, les régents et les licenciés peuvent être répartis en deux groupes différents, selon que l'on envisage la durée des études ou le caractère spécialisé de la formation. Selon la durée des études, les régents sont plus proches des instituteurs (cycle court) que des licenciés (cycle long). Selon la spécialisation, les régents, comme les licenciés, reçoivent une formation plus spécialisée que les instituteurs (non spécialistes).

[40] Qu'ils n'identifient pas comme tels, le plus souvent. Parler de «tolérance» est dès lors un peu excessif. On ne peut présager de ce que seraient leurs attitudes s'ils savaient qu'il s'agit de formes non légitimes.

[41] Différences mesurées par un t de Student ou un χ^2, selon la nature des variables.

[42] Rappelons toutefois que l'accent ne représentait pas la seule dimension de contraste entre les deux candidates. Une éventuelle attirance pour l'accent français peut avoir été neutralisée par le rejet d'autres aspects jugés moins attrayants (par exemple : le style télégraphique, l'expression «ce n'était pas mon truc»).

[43] Dans leurs enquêtes sur les opinions des enseignants américains à propos de l'«anglais noir», Taylor (1973) et Pietras et Lamb (1978) ne trouvaient pas de différences selon le sexe.

[44] Les enseignants qui ont participé à l'enquête nous ont indiqué la profession de leurs parents et de leurs grands-parents.

[45] Attitude généralement considérée comme «féminine».

[46] Ce que l'on exprime communément en parlant de «vocation».

Conclusions

> « *Ses qualités intrinsèques font du français une langue de communication de premier ordre; elles lui garantissent une place à part: l'élite intellectuelle de la plupart des pays européens et d'outre-mer a, en dehors de sa langue, une deuxième langue qui est le français. Alors que tout se démocratise, il demeure ce qu'il a été depuis l'époque classique: le véhicule d'une élite et d'une aristocratie. Ce que le français garde de sa place, il ne le doit pas au nombre de ceux qui le parlent, mais à sa finesse, à son élégance, à son caractère social.* »
>
> W. Von Wartburg, Evolution et structure de la langue française. Berne: Francke Verlag, 1969, 9ᵉ édition, pp. 277-278.

Dans cette conclusion, nous tenterons de conjuguer les enseignements de la littérature et de nos recherches empiriques en une réflexion générale sur les normes subjectives:
- Comment aborder leur étude? avec quelles hypothèses, quelles méthodes et quels résultats?
- Quelle est leur spécificité?

I. COMMENT ABORDER L'ETUDE DES NORMES SUBJECTIVES: METHODOLOGIE ET HYPOTHESES.

La plupart des spécialistes qui ont abordé la question des normes subjectives ou attitudes linguistiques, qu'ils soient psychologues sociaux (continuateurs de W. Lambert) ou psycholinguistes — ne se sont guère préoccupés d'étudier sous l'influence de quelles variables les dites attitudes fluctuent. A rebours de ce courant et conformément aux options définies par les sociolinguistes (Labov, Trudgill), nous avons examiné, dans ce travail, ce que les normes subjectives devaient
- d'une part aux *caractéristiques des sujets*,
- d'autre part aux *caractéristiques du contexte* (pris au sens large).

1. Caractéristiques des sujets.

Comme nous en avions fait l'hypothèse, des différences sont en effet apparues entre sujets, notamment selon leur sexe et leur origine sociale. Cependant, ces différences conservent un caractère relativement isolé, ce qui tend à confirmer les vues de Labov sur l'uniformité des normes subjectives. Selon Labov, rappelons-le, les locuteurs d'une communauté linguistique se caractérisent par des pratiques linguistiques socialement hétérogènes, mais partagent un ensemble de normes subjectives communes, ce qui les porte à évaluer de la même manière les mêmes formes linguistiques (par exemple, tout le monde reconnaît le peu de prestige de l'accent liégeois, quel que soit son degré d'accent régional).

Cependant, à côté des variables traditionnellement associées à des différences d'attitudes (sexe, milieu social), nous avons en outre envisagé l'effet qu'exercent des *variables scolaires* sur les normes subjectives. Or, dans ce cas, les différences observées prennent une ampleur remarquable:
A. Dans l'enseignement secondaire, élèves du général et élèves du technique/professionnel évaluent de manière significativement différente un ensemble de variantes linguistiques. Leurs jugements divergent sur ce qu'il faut considérer comme français, plus prestigieux ou plus correct. L'étendue des différences constatées conduit donc à penser que les adolescents ne partagent pas un ensemble de normes subjectives communes.
B. Du côté des enseignants, on observe de même de sensibles différences d'appréciation selon que l'on interroge un instituteur, un régent ou un licencié. Les jugements des uns et des autres ne s'accordent pas sur ce qu'il faut considérer comme correct, comme faute grave, etc. Ainsi, par exemple, l'instituteur considérera *où est-ce que...* comme très incorrect, *trop que pour* et un /p / comme corrects, tandis que le licencié acceptera *où est-ce que* et condamnera les deux formes régionales.

L'ampleur des *différences* constatées — aussi bien chez les élèves que chez les enseignants, *selon la longueur et la nature de la formation scolaire* conduit à souligner le rôle particulier que joue l'école en matière de normes subjectives. On ne peut, à notre sens, se contenter de constater que les normes subjectives sont uniformes sans s'interroger sur les *raisons de cette uniformité*. Si les normes sont uniformes, n'est-ce pas d'abord parce qu'elles ont été uniformisées par le canal (entre autres) de l'école? La mise en évidence d'un lien entre formation scolaire et normes subjectives le donne à penser. Nous y reviendrons en détail plus loin.

2. Caractéristiques du contexte.

Plusieurs études l'ont mis en évidence, les attitudes envers les variétés linguistiques peuvent fluctuer en fonction du contexte évoqué (contexte non précisé, famille, école) et en fonction des aspects que l'on propose aux sujets d'évaluer, prestige social ou chaleur humaine, par exemple. Par ailleurs, certains chercheurs (Edwards, 1982) ont attiré l'attention sur l'impérialisme qu'exerce, dans le domaine de l'étude des attitudes linguistiques, la technique du *locuteur masqué*, et sur la nécessité de combiner cette méthode avec d'autres en une approche davantage *éclectique*.

C'est une telle approche éclectique que nous avons tenté de mettre en œuvre dans nos travaux empiriques. Quand, pour une même question que nous nous posions (par exemple, quelle variété ou variante est considérée comme «meilleure»), nous avons utilisé différentes méthodes (questions ouvertes, différentiateur sémantique), évoqué divers contextes (les amis, l'école, le livre, une situation de demande d'emploi, la télévision), eu recours à plusieurs consignes (*qu'est-ce qui est français? plus correct?*).

Les résultats montrent que le contexte exerce une influence non négligeable sur les opinions exprimées par les sujets. Ainsi, lorsque l'on présente aux enseignants accent liégeois et accent légitime et qu'on leur demande de juger lequel des deux est le plus correct, tous reconnaissent la plus grande «correction» de l'accent légitime. Mais que l'on imagine une autre situation (institutrices belges postulant un emploi) où l'accent se retrouve avec d'autres variantes, et que l'on laisse aux sujets le soin d'apprécier selon quelles modalités évaluer le discours proposé, et l'on voit des jugements différents apparaître.

A peine 50 % des enseignants choisiront la locutrice qui s'exprime avec un accent légitime, et l'aspect «accent» apparaîtra comme relativement secondaire à côté d'autres qualités. Les normes subjectives s'expriment donc en relation avec ce que nous avons appelé, à la suite de Bourdieu, un marché linguistique: tel produit (par exemple, l'accent liégeois), proposé sur le marché officiel, sera déprécié; le même produit, offert sur un marché restreint, privé (la famille, les amis, la région) se verra doté d'un prix parfois plus élevé que les produits hautement légitimes (l'accent parisien par exemple). Ainsi, quand on demande aux enseignants d'évaluer, sur différentes échelles, divers accents francophones, il apparaît que les accents français (parisien, provençal) sont les plus appréciés quant à leur valeur culturelle (ils sont vus comme plus *raffinés,* moins *gras*, plus *féminins*); en revanche, sur les échelles «affectives» (plus *doux, pittoresque, jovial*), l'accent local (liégeois) est le mieux situé. Il n'existe donc pas d'attitudes unilatéralement positives ou négatives envers telle ou telle variété, mais des attitudes variables selon le contexte et les qualités envisagées[1].

Au-delà des variations d'attitudes que peuvent produire les différences entre les contextes évoqués, il ne faut pas négliger — nous y avons insisté à maintes reprises — l'effet qu'exerce la situation d'enquête elle-même sur les normes subjectives exprimées. Dans notre recherche, le fait d'avoir interrogé les sujets à l'école retentit sans doute sur la nature des réponses. Le sexe, l'âge, la façon de s'exprimer des enquêteurs influencent vraisemblablement les opinions manifestées. En particulier, les enseignants ont souvent fait preuve, dans leurs réponses, d'une relative «insoumission» vis-à-vis des «valeurs françaises»: ils ne reconnaissent pas, par exemple, plus d'autorité linguistique à un Français cultivé qu'à un Belge cultivé, ils affirment la valeur de certains belgicismes, ou critiquent avec vigueur les Belges qui «parlent à la soixante-dix». Ces opinions se seraient-elles manifestées de la même manière si l'enquêteur avait été, non pas une étudiante liégeoise de vingt ans, mais, par exemple, Monsieur Joseph Hanse ou Madame Christine Ockrent?

Mais revenons-en, dans la foulée de ce que nous avons dit du rôle particulier de l'école en matière de normes subjectives, à ce qui constitue la spécificité des attitudes linguistiques.

II. LA SPECIFICITE DES ATTITUDES LINGUISTIQUES.

Imaginons un instant que nous nous soyons intéressée, non pas au jugement linguistique, mais au goût pour les pommes et les poires. Point n'est besoin de longue démonstration pour faire apparaître le caractère radicalement différent des deux types de jugement. La préférence pour les pommes ou les poires, selon l'adage, ne se discute pas. Chacun est libre de manifester son goût pour l'un ou l'autre des fruits; aucune instance sociale ne dicte son choix à l'individu et personne ne soutiendrait, sauf par jeu, que la poire doit être consommée de préférence à la pomme, parce qu'elle est le fruit par excellence et que sa forme est un modèle d'élégance et de distinction[2]. Mais il est peu de domaines, en réalité, où le caractère arbitraire des goûts et des dégoûts soit ainsi reconnu.

Le plus souvent, entre l'individu et l'objet de son appréciation, s'interpose un ensemble de jugements *autorisés* qui tendent à définir le point de vue légitime sur l'objet, autrement dit à prescrire et à proscrire certains types de choix. L'existence d'une légitimité culturelle, portée par un corps de spécialistes et relayée par les groupes sociaux dominants, fait que l'individu ne se trouve ni vraiment seul ni vraiment libre face à l'objet. Rien n'empêche à vrai dire un individu d'affirmer que la musique *rock* domine de son génie les Vivaldi, Mozart ou Beethoven; ou d'opposer les mérites de l'académisme pictural aux «gribouillis» de Picasso et Cézanne. Même si de telles opinions divergent du point de vue légitime, c'est cependant par rapport à ce point de vue qu'elles se définissent, du moins implicitement, soit que l'individu ignore ou ne partage pas le point de vue légitime, soit qu'il soutienne un autre point de vue, contestant la légitimité du point de vue officiel.

Dans le domaine linguistique, le poids du *point de vue légitime* sur l'objet est particulièrement fort; à côté des organismes officiels chargés de défendre et de réglementer la langue (Académie, Office du Bon Langage), à côté des ouvrages normatifs (grammaires, dictionnaires), on s'accorde à souligner le rôle qu'exerce l'école en la matière.

Cette existence, en matière linguistique, d'*un point de vue légitime sur l'objet*, entraîne un certain nombre de conséquences. Dès lors que l'on admet l'existence d'un tel point de vue, est-il légitime (c'est le mot) de considérer les objets linguistiques comme d'autres objets et d'envisager les attitudes à leur propos, comme simplement positives ou négatives, sans se poser la question de la relation dialectique entre jugements individuels et jugements autorisés?

La réponse par la négative semble s'imposer. Néanmoins,

1. La tradition anglo-saxonne d'étude des attitudes linguistiques, en ce compris les sociolinguistes comme Labov, centrée sur les jugements individuels, ne s'interroge pas sur ce que ceux-ci doivent à l'existence d'un point de vue légitime. Comme nous l'exposions plus haut, on constate l'uniformité des normes, sans en rechercher les causes.
2. A l'autre bout du spectre, des sociologues d'inspiration marxiste (Baudelot et Establet, 1971; Althusser, 1970) développent une conception ultra-déterministe de l'imposition linguistique. Dans cette perspective, l'existence d'un point de vue légitime se solde par une inféodation des sujets à ce point de vue; il n'existe donc aucun intérêt à étudier les jugements individuels, entièrement déterminés.

Dans ce travail, en accord avec des travaux de sociolinguistique récents (Houdebine, 1983; Geunier, 1978), nous avons suivi une troisième voie qui tente de rompre aussi bien avec la perspective « rien que les sujets » et la perspective « tout sauf les sujets ».

Tout en insistant sur l'existence d'un point de vue légitime, nous nous sommes interrogée sur le rapport qu'entretiennent les sujets avec ce point de vue, sur leurs *normes subjectives*.

La mise en évidence de différences significatives d'attitudes selon le cursus scolaire (type d'enseignement, diplôme), relativement plus importantes que celles associées aux variables « traditionnelles » (sexe, milieu social) souligne a posteriori tout l'intérêt d'une interrogation sur la relation entre les jugements individuels et le point de vue légitime.

D'autres résultats amènent cependant à nuancer nos affirmations relatives à l'existence d'*un* point de vue légitime, dont l'école serait l'un des principaux véhicules.

Il apparaît en effet que :
1. La communauté des enseignants est loin d'être homogène. On y observe des normes subjectives distinctes; les enseignants, selon leur diplôme, ont une connaissance inégale de la variété légitime; les instituteurs, en particulier, en ignorent un certain nombre d'aspects, liés à la morphologie et au lexique (belgicismes).
2. Les enseignants (à des degrés variables) ont des attitudes mitigées à l'égard de la variété légitime française; ils n'expriment pas (ou rarement) d'attitudes ouvertement négatives envers les régiolectes belges.
3. Un certain nombre d'enseignants (instituteurs, surtout) condamnent avec vigueur des variantes fréquemment utilisées par les locuteurs s'exprimant dans la variété légitime, variantes relativement tolérées par les ouvrages normatifs.

Quelles conclusions tirer de ces observations ? Dès lors que l'on constate que les connaissances ou les appréciations des enseignants ne correspondent pas (et c'est manifeste) point pour point avec les recommandations des organismes officiels et des ouvrages normatifs, il faut admettre que même au sein de ceux qui sont censés détenir *le* point de vue légitime sur l'objet existent des conflits (mineurs) de légitimité. Même si l'enseignant, le grammairien, l'académicien, œuvrent, en gros, dans le même sens (uniformisation des normes, normalisation), chacun de ces sous-groupes est porté à se distinguer, en accentuant sa différence avec le groupe proche. Le premier souci des grammairiens normatifs (voyez les préfaces des ouvrages de Hanse, de Grevisse, de la *Chasse aux belgicismes*) n'est-il pas de déclarer qu'eux (à la différence des autres) ne sont pas puristes ?

La mise en évidence de ces divergences de vues amène à réviser quelque peu l'analyse traditionnelle que font certains linguistes (Marchand, 1975), ou sociologues (Bourdieu, 1982) de la fonction du cours de français. Selon cette analyse, l'école vise à imposer à tous les élèves, quelles que soient leurs pratiques linguistiques, une variété légitime unique, assimilée, selon les cas, avec «la norme», avec «l'usage des classes dominantes» ou avec «le français parisien cultivé». Or, s'il est indéniable que certaines instances ou certaines personnes sont, en général, dans notre société, dans une position telle qu'elle leur permet de poser des jugements de légitimité qui soient écoutés (tout le monde peut en poser, mais le problème est d'être écouté...), il est quelque peu illusoire de penser que la variété légitime existe, qu'elle est un objet réel, aux contours strictement définis. La légitimité est dans le geste du locuteur qui pose telle forme linguistique comme légitime, elle n'est pas dans la forme linguistique elle-même. Certes, la concordance des gestes prescriptifs posés par les personnes autorisées finit par donner l'impression que cette variété légitime, ce «bon usage» est doté de réalité (il se réifie). Mais cette réalité est de nature sociale, non linguistique. Que l'on se penche avec quelque attention sur ce que les autorités (académiciens, auteurs de dictionnaire, grammairiens, enseignants) considèrent comme légitime (correct, français), et l'unité apparente s'évanouit. Larousse et Robert placent le tréma sur *i*, dans *ambiguïté*, alors que Hanse le place sur le *u*; Hanse penche pour l'accord de *standard*, d'autres ne le suivent pas dans cette voie; certains grammairiens trouvent que *où est-ce que* et *c'est pas vrai* sont familiers, mais acceptables, alors que les instituteurs estiment ces tournures inadmissibles, mais tolèrent en revanche que l'on prononce *mariée* /ej/ ou *pot* /pə/, que le professeur de diction condamne... Même s'il existe, parmi les grammairiens, académiciens[4], enseignants, un accord assez large sur ce qu'il faut considérer comme les formes légitimes (de là l'illusion qu'il existe *une* variété légitime), chacun de ces groupes, et, au sein de chacun des groupes, chaque individu, peut se forger un point de vue et chercher à l'imposer comme le seul légitime. Si l'on tient compte de cette diversité des points de vue, de ces conflits de légitimité mineurs, mais permanents, l'on doit rejeter l'analyse selon laquelle

«*la norme doit être unique, valable en tous lieux et en tous temps. Le français enseigné dans une école de Bretagne, à Harvard, ou aux Antilles est, en principe, exactement le même*» (Marchand, 1975, p. 28).

et penser que la caractéristique première et constante (dans l'espace) du cours de français est, non pas que l'on y transmet *une variété légitime unique* de Mouscron à Nouméa, mais que l'on y instaure un rapport général aux phénomènes linguistiques qui fait que l'on se pose à leur propos des questions de légitimité (*est-ce juste, correct, français?*).

Quant aux contenus linguistiques prescrits, il entre dans *le pouvoir* de chaque enseignant, de déterminer les formes qu'il juge légitime de prôner et celles qu'il juge légitime de condamner.

Assurément, l'enseignant n'est pas totalement libre de ses choix; il est plutôt en liberté surveillée, dans la mesure où il subit la pression sociale de plus «autorisé» que lui. Il jouit néanmoins d'une incontestable marge de liberté qui lui permet, soit de contester un point de vue légitime qu'il connaît bien par ailleurs (par exemple, tout en sachant qu'en France, on doit dire *j'éprouve des difficultés*, de continuer à utiliser la tournure régionale *j'ai difficile*), soit, dans l'ignorance du (des) point(s) de vue autorisé(s), de se forger un point de vue propre et de l'imposer aux autres (en se disant, plus ou moins consciemment «le modèle, c'est moi»; tel ce professeur qui corrige ses élèves quand ils ne réalisent pas le yod après voyelle dans les participes passés féminins). Voilà pourquoi, entre autres raisons, l'on continue — et l'on continuera sans doute — à parler un français un peu différent au Québec, à Tombouctou, en Nouvelle-Calédonie, en Louisiane et à Liège. Faut-il s'en plaindre ou s'en réjouir? Il appartient à chacun d'en juger, selon ses options personnelles et politiques[5]. C'est là en effet une question de goût ou de dégoût, affaire de parti pris — pour ou contre — les mots de sa tribu.

NOTES

[1] D'où la nécessité de diversifier les contextes et les méthodes de recueil.
[2] Rien n'empêcherait cependant qu'il en soit ainsi en d'autres temps et en d'autres lieux. Il suffirait que l'opposition pommes/poires devienne porteuse de valeur sociale. Certains ne considèrent-ils pas le champagne comme plus noble que la Blanquette de Limoux, alors qu'une enquête a démontré que les dégustateurs, dans l'ignorance de la provenance, ne distinguaient pas la différence de goût?
[3] Nous reviendrons plus loin sur l'unicité de ce point de vue.
[4] Comme nous le suggérait un collègue, il conviendrait de s'attaquer à ces autres mythes que sont «LE grammairien, L'académicien». Qui sont ces gens? Que disent-ils? Et surtout parlent-ils d'une même voix? Rien n'est moins sûr. On peut gager qu'une étude fouillée démontrerait, sans trop de peine, le caractère variable et relatif de leurs normes subjectives (qui font cependant autorité, en se donnant pour uniques).
[5] On a eu récemment une illustration exemplaire du caractère éminemment politique de ces questions linguistiques, lorsque Jack Lang, ministre français de la Culture, a annoncé la création d'un CAPES pour les langues régionales, mesure où certains ténors de la droite (Michel Debré entre autres) ont pressenti une insidieuse menace contre l'unité nationale de la France. Curieuse répétition de l'histoire: c'est en s'appuyant sur le même type d'argument que fut entreprise, au siècle dernier, l'éradication des patois et des dialectes au profit du «français national».

Annexes
Description des instruments

1. LE SCRIPTIBLE
(primaire inférieur et supérieur; secondaire inférieur).

Consigne:

Les phrases que je vais te lire, à ton avis, est-ce qu'on peut les écrire dans un livre, oui ou non? Pourquoi?

			Pourquoi?
1. Cet emmerdeur de Pierre a encore fait une connerie.	oui	non	
2. Il a craché à la figure de son père.	oui	non	
3. Christine a tombé sur la tête et elle s'est faite un crin.[1]	oui	non	
4. Jean lui a foutu un poing sur la gueule.	oui	non	
5. Pierre a frappé si fort sur la tête de son chat qu'il l'a tué.	oui	non	

Les phrases présentées contreviennent à différents types de normes:
a) La norme morale (items 2 et 5).
b) La norme linguistique (variété légitime) dans le domaine grammatical (item 3).
c) La norme linguistique (variété légitime) dans le domaine lexical (utilisation d'un registre dit vulgaire) (items 1 et 4).

2. FRANÇAIS / PAS FRANÇAIS
(primaire supérieur, secondaire inférieur et supérieur).

Consigne :

A ton avis, les phrases suivantes (les *lire* avec l'élève), est-ce que c'est du français? Pourquoi?

	OUI	NON	POURQUOI
1. J'esspaire que vous ne raisteré patro lon tant a lopitale.			
2. Le cercle est carré.			
3. Mon frère ne sait pas qu'est-ce qu'il veut faire dans la vie.			
4. Moi manger banane.			
5. Do you speak English?			
6. Si j'aurais su, je ne serais pas venu.			
7. Je te lui donne.			
8. Ceci n'est pas un bic (en montrant un bic).			
9. X, je l'emmerde. Elle est conne comme ses pieds.			
10. Je ferai Jean partir.			

Comme on peut le voir, l'épreuve comporte :
- une phrase anglaise (item 5: *Do you speak English?*)[2];
- trois phrases agrammaticales[3] (item 4: *Moi manger banane*; item 7: *Je te lui donne*; item 10: *Je ferai Jean partir*);
- deux phrases non légitimes (item 3: *Mon frère ne sait pas qu'est-ce qu'il veut faire dans la vie*; item 6: *Si j'aurais su, je ne serais pas venu*);
- une phrase mal orthographiée[4] (item 1: *J'esspaire que vous ne raisteré patro lon tant a lopitale*);
- une phrase familière (utilisation d'un registre vulgaire) (item 9: *Je l'emmerde, elle est conne comme ses pieds*);
- deux phrases énonçant quelque chose de faux ou de paradoxal (item 2: *Le cercle est carré*; item 8: *Ceci n'est pas un bic* [l'enquêteur, à ce moment, désigne un bic du doigt]).

3. LE JEU TELE
(primaire supérieur, secondaire inférieur et supérieur).

Consigne:

Maintenant, on va faire une espèce de jeu. Toi, tu es le directeur de la télévision et à la TV[5], il y a une place de speakerine libre. Pendant la journée, deux femmes sont venues pour les places, mais toi tu n'étais pas là. On a enregistré les deux femmes, et maintenant il faut que tu décides, d'après ce qu'elles ont dit, qui convient le mieux pour l'emploi de speakerine. Alors, on va écouter chaque fois des morceaux de ce qu'elles ont dit, on va les comparer et décider chaque fois qui convient comme speakerine. A la fin, on fera le total pour voir qui aura la place.

A	B	Speakerine
1. Mon nom est Sandrine Dupont. J'ai vingt ans (dit avec accent légitime).	Mon nom est Christine Lebon. J'ai vingt ans (dit avec accent liégeois).	
2. J'ai arrêté mes études à 18 ans. Ça ne m'intéressait plus d'étudier.	J'ai arrêté mes études à 18 ans. Ça m'emmerdait d'étudier.	
3. Mais je ne savais pas encore ce que je voulais faire.	Mais je ne savais pas encore qu'est-ce que je voulais faire.	
4. J'ai déjà occupé quatre emplois.	J'ai déjà occupé quatre-z-emplois.	
5. C'est un ami qui m'a dit qu'il y avait une place ici.	C'est un ami qui m'a dit qu'il y avait une place ici.	
6. Alors je me suis permise de me présenter.	Alors je me suis permis de me présenter.	
7. Je n'ai pas encore trouvé vraiment ce qui me plaît.	Je n'ai pas / encore trouvé vraiment ce qui me plaît.	
8. Je parle l'anglais et je sais taper à la machine.	Euh... je... j'ai... je parle l'anglais et puis alors je sais taper à la machine.	
9. J'habite à Villers, près du grand machin-là, le Cora.	J'habite à Villers près de la grande surface, le Cora.	
10. Si je conviens pour la place, vous pouvez m'écrire. Voici mon adresse: 50, Large Voie, Villers.	Si je conviens pour la place, écrivez-moi. Voici mon adresse: 30, Large Voie, Villers.	

Les dix couples d'items retenus concernent les domaines suivants :
- l'accent (régional *vs* légitime) (item 1);
- le débit (d'une traite *vs* avec hésitations et mots parasites) (item 8);
- les liaisons :
  - facultatives (item 5 : *c'est un ami / c'est un ami*; item 7 : *je n'ai pas encore / je n'ai pas encore*);
  - hypercorrectes (item 4 : /kadz/ *emplois vs* /katr/ *emplois*);
- la syntaxe (item 3 : *ce que / qu'est-ce que*) :
  - hypercorrectisme (item 6 : *je me suis permise / je me suis permis*);
- le vocabulaire :
  - mot passe-partout (item 9 : *le grand machin / la grande surface*);
  - registre familier (item 2 : *ça ne m'intéressait plus / ça m'emmerdait*);
- normes de bienséance : requête directe / requête indirecte (item 10 : *écrivez-moi / vous pouvez m'écrire*).

4. NORMES SUBJECTIVES ET AUTO-IDENTIFICATION
(primaire supérieur, secondaire inférieur et supérieur).

Consigne :

Chaque fois, tu vas entendre deux façons un tout petit peu différentes de dire la même chose. Tu écoutes bien, tu trouves la différence entre les deux (la faire énoncer par l'élève), puis tu essaies de me dire si d'habitude tu parles plutôt comme le premier ou comme le deuxième.

Quand l'élève a fourni son évaluation, on lui demande, dans un second temps (ne pas le dire dans la consigne générale) quelle formulation est la plus *juste*, la plus *correcte*.

1	2	Différence	Identification	Plus correct
1. Je suis en sixième année (régional).	Je suis en sixième année (légitime).			
2. J'aime bien de jouer au football. L'école, ça m'emmerde.	J'aime bien de jouer au football. L'école, ça m'ennuie.			
3. L'an dernier, au football, j'ai tombé et je m'ai cassé la jambe.	L'an dernier, au football, je suis tombé et je me suis cassé la jambe.			
4. Alors, je ne suis pas allé à l'école pendant deux mois.	Alors ch'suis pas allé à l'école pendant deux mois.			

5. Ma sœur elle joue au tennis.	Ma sœur joue au tennis.			
6. Et mon frère, il va nager deux fois par semaine.	Et mon frère, il /i/ va nager deux fois par semaine.			
7. L'année prochaine, je prendrai des cours de judo.	L'année prochaine, je prenrai des cours de judo.			
8. Et au printemps, j'aurai un nouveau vélo /ɔ/.	Et au printemps, j'aurai un nouveau vélo /o/.			

Les items retenus concernent les domaines suivants :
- phonétique/phonologie (item 1 : accent légitime *vs* régional);
- morpho-phonologie : (item 8 : /ɔ/ *vs* /o/; item 6 : /il/ - /i/; item 7 : /prādre/ - /prāre/)
- syntaxe : (item 3 : *j'ai tombé / je suis tombé*; item 4 : *je ne suis pas allé* vs *je suis pas allé*; item 5 : *ma sœur elle joue* vs *ma sœur joue*);
- vocabulaire (registre de langue) (item 2 : *emmerde* vs *ennuie*)

5. LECTURE DE TEXTE
(primaire supérieur et secondaire inférieur).

C'est la nuit. Thierry et Joëlle dorment. On n'entend pas un mot. Tout est tranquille dans le village. Soudain, Joëlle est réveillée par un bruit étrange. Effrayée, elle se demande ce que c'est. Vite, elle se dépêche de mettre son pantalon et ses souliers, et elle descend les escaliers quatre à quatre. Oui, il s'est bien passé quelque chose ! Le gros pot en terre est renversé, et la lampe a roulé au milieu du salon, près de la machine à coudre. Joëlle va à la fenêtre et regarde dans la rue. Rien d'anormal : ici ou là, quelques lumières continuent à briller. Soudain, Joëlle lève le nez et aperçoit le chat, perché sur le bord de la cheminée. Pas de doute, c'est lui le coupable ! pense Joëlle. Et, complètement rassurée, elle monte se recoucher.

6. LECTURE DE TEXTE
(secondaire supérieur et enseignants).

En dix-neuf cent quatre-vingt-trois, vous le savez, la situation économique n'a pas été brillante. Pour dix-neuf cent quatre-vingt-quatre, il ne faut pas s'attendre à des miracles. Le pouvoir d'achat des familles va encore diminuer. L'inflation sera de l'ordre de huit pour cent. La balance des paiements ne sera pas équilibrée : on prévoit plusieurs milliards de déficit. On peut, au mieux, espérer une légère remontée du chiffre des exportations, due au cours favorable du dollar. Malgré les nouvelles mesures que le gouvernement a proposées, on ne peut envisager dans l'immédiat une diminution sensible du chômage, ce que toute la population souhaite pourtant vivement. Oui, hélas, en un mot comme en cent, en dix-neuf cent quatre-vingt-quatre, pour l'homme de la rue, ce ne sera pas la fête. On risque de voir se multiplier les critiques acerbes à l'égard de la politique d'austérité.

7. QUESTIONNAIRE ECRIT AUX ENSEIGNANTS : DIFFERENTIATEUR SEMANTIQUE
(évaluation de différents accents francophones).

Liste des huit échelles

gras	1	2	3	4	5	6	7	sec
froid	1	2	3	4	5	6	7	chaud
masculin	1	2	3	4	5	6	7	féminin
banal	1	2	3	4	5	6	7	pittoresque
coloré	1	2	3	4	5	6	7	terne
dur	1	2	3	4	5	6	7	doux
maussade	1	2	3	4	5	6	7	jovial
grossier	1	2	3	4	5	6	7	raffiné

8. QUESTIONNAIRE ECRIT AUX ENSEIGNANTS : OPINIONS RELATIVES A L'ENSEIGNEMENT DE LA LANGUE MATERNELLE
(échelle de type Likert).

	Pas du tout d'accord	Plutôt pas d'accord	Ni pour ni contre	Plutôt d'accord	Tout à fait d'accord
1. Le langage oral est trop souvent négligé : il faudrait lui accorder une plus grande part dans l'horaire de langue maternelle.	1	2	3	4	5
2. Faire des dictées n'est pas très utile pour améliorer l'orthographe des élèves.	1	2	3	4	5
3. Certains belgicismes sont savoureux ; il ne faut pas les étouffer.	1	2	3	4	5
4. A l'école, la maîtrise de l'expression ECRITE doit rester l'objectif principal.	1	2	3	4	5
5. C'est surtout en faisant des exercices de grammaire et de conjugaison que les élèves peuvent acquérir une bonne expression orale.	1	2	3	4	5
6. Bien parler, c'est d'abord savoir adapter son langage au niveau de son interlocuteur.	1	2	3	4	5
7. Faire écrire les élèves chaque fois que l'occasion s'en présente est plus enrichissant que de proposer des rédactions sur des sujets imposés.	1	2	3	4	5
8. Il faut tout faire pour éliminer du langage des élèves les signes qui manifestent l'appartenance à un milieu peu cultivé.	1	2	3	4	5
9. Pour apprendre aux élèves à bien écrire, il faut les mettre en contact avec des textes écrits par de bons auteurs.	1	2	3	4	5
10. L'école doit lutter contre la tendance à tout faire passer par l'oral.		2	3	4	5
11. Un texte platement écrit, mais parfaitement clair, est préférable à un texte très bien écrit, mais qui demande un effort pour être compris.	1	2	3	4	5
12. Pour acquérir une bonne orthographe, les élèves doivent apprendre à se servir d'un dictionnaire et d'une grammaire.	1	2	3	4	5

	Pas du tout d'accord	Plutôt pas d'accord	Ni pour ni contre	Plutôt d'accord	Tout à fait d'accord
13. Il vaut mieux laisser parler les élèves spontanément plutôt que de les interrompre chaque fois qu'ils font une erreur.	1	2	3	4	5
14. Pour acquérir une bonne expression orale, il faut avant tout que les élèves soient confrontés à de bons modèles.	1	2	3	4	5
15. Il faut éliminer du langage des élèves les marques (accent, vocabulaire, syntaxe) qui font reconnaître leur origine régionale.	1	2	3	4	5
16. Quand on parle, le souci d'être compris par la personne à qui l'on s'adresse doit passer avant le souci de la correction formelle.	1	2	3	4	5
17. Pour développer l'oral, les discussions entre élèves sont plus fructueuses que des élocutions préparées à l'avance.	1	2	3	4	5
18. Les programmes scolaires actuels tendent à trop favoriser l'oral par rapport à l'écrit.	1	2	3	4	5
19. C'est en faisant des exercices structuraux que l'élève apprend le mieux, par imprégnation, à s'exprimer correctement.	1	2	3	4	5
20. Pour vraiment améliorer l'expression orale des élèves, il faudrait les placer dans des situations où ils peuvent se rendre compte concrètement de l'efficacité de leurs messages.	1	2	3	4	5

9. EPREUVE DE JUGEMENT DE PHRASES ECRITES (Enseignants).

Consigne:

Voici une série de phrases relevées dans des COPIES d'élèves. *Certaines* comportent des erreurs, de natures diverses, que l'on peut juger plus ou moins graves. Nous vous demandons de bien vouloir:
1. Si la phrase est correcte, mettre une croix dans la colonne prévue à cet effet.
2. Souligner, dans les phrases incorrectes, le(s) défaut(s) qui vous frappe(nt) le plus.
3. Expliquer votre appréciation dans la colonne «Commentaires».

… ANNEXES 147

Phrases observées à l'écrit	Correcte	Faute légère	Faute moyenne	Faute grave	Commentaires
1. Le maître était très fâché; il nous a tous engueulés.					
2. Christophe est allé au tableau, mais il écrivait trop petit : nous ne savions pas lire.					
3. Quand nous sommes revenus, il avait déjà mangé toutes les friandises que nous avions apporté.					
4. Il y avait assez bien de monde, les gens se pressaient à l'entrée.					
5. Le conducteur, il était saoul; il a fait un accident.					
6. Ayant bien récité ma leçon, le professeur m'a mis dix sur dix.					
7. En arrivant à la piscine, il apperçut ses copains qui nageaient déjà.					
8. Je me demandais s'il se rappelait de moi.					
9. Avec une telle arme, pas moyen de louper sa cible.					
10. Il lui a demandé : « Où est-ce que tu veux aller ? »					
11. Jules a accusé Pierre de lui avoir volé son vélo. Pierre lui a dit que c'était pas vrai.					
12. Pierre a demandé à Jacques combien de frères il avait : Jacques lui a dit.					

Les « erreurs » que nous avons introduites dans les phrases se répartissent comme suit :

- orthographe :
  - d'usage (item 7 : *apperçut*) ;
  - grammaticale (item 3 : *les friandises que nous avions apporté*) ;

- lexique :
  - emploi d'un terme familier (item 1 : *engueulé* ; item 9 : *louper*).
  - belgicisme (item 2 : *nous ne* savions *pas lire* ; item 4 : *il y avait* assez bien *de monde*).

- syntaxe :
  - détachement (item 5 : *le conducteur, il*) ;
  - emploi d'un participe présent ne se rapportant pas au sujet de la principale (item 6 : *ayant bien récité ma leçon, le professeur m'a mis dix sur dix*) ;
  - utilisation d'un verbe avec une rection contestée dans certains emplois[6] (item 8 : *se rappeler de moi*).

- style :
  - phrase elliptique (item 9 : *pas moyen de louper sa cible*) ;
  - transposition à l'écrit de structures très fréquentes dans le mode oral familier (item 10 : *où est-ce que...?* ; item 11 : *c'était pas vrai* : omission du *ne* ; item 12 : *Jacques lui a dit* : omission du *le*).

10. EPREUVE DE JUGEMENT DE PHRASES ORALES
(Enseignants).

Consigne :

Voici une série de phrases enregistrées à l'*oral chez des élèves. Ecoutez bien, vous ne les entendrez qu*'une fois. *Nous vous demandons d'indiquer quelles phrases sont incorrectes* (faire indiquer l'erreur) *et, quand elles le sont, si les erreurs qu'elles comportent sont plus ou moins graves* (erreur légère — moyenne — grave) *et pourquoi*.

	correct	erreur légère	erreur moyenne	erreur grave	Pourquoi? (Commentaires)
1. Il me faudrait une boîte de chose pour cirer les chaussures.	0	1	2	3	
2. Tu arrives à un carrefour ousqu'y a une statue, et tu prends la rue à ta droite.	0	1	2	3	
3. Alors il lui dit :« rends-moi les ciseaux que je me suis servi tantôt. »	0	1	2	3	
4. L'électricien est venu, mais il lui manquait un électrateur, il n'a pas pu finir.	0	1	2	3	
5. Il y avait de la neige, il faisait difficile rouler.	0	1	2	3	
6. Elles sont parties faire des courses leur deux.	0	1	2	3	
7. C'est ceux-là qui-z-ont cassé la vitre.	0	1	2	3	
8. Elle tient bien le vase pour pas qu'il tombe.	0	1	2	3	
9. Tu les as pris les clefs?	0	1	2	3	
10. Je vais lui mettre un chapeau pour qu'il soit /swaj/ plus beau.	0	1	2	3	

Les «erreurs» introduites dans l'épreuve concernent les domaines suivants :
- le vocabulaire :
  - un mot passe-partout (item 1: *chose*);
  - un barbarisme (item 4: *électrateur*);
- la morpho-phonologie :
  - *ousqu'y a* (item 1);
  - *ceux qui-z-ont* (item 7);
  - *pour qu'il soit* (/swaj/) (item 10).
- la syntaxe :
  - *les ciseaux* que *je me suis servi* (item 3);
  - *tu les as pris les clefs* (item 9);
  - *pour pas qu'il tombe* (item 8);
  - *faire difficile* (item 5); ⎫
  - *leur deux* (item 6). ⎭ belgicismes

11. NORMES SUBJECTIVES ET AUTO-IDENTIFICATION
(Enseignants, entretien oral).

L'enquêteur fait entendre à l'enseignant les phrases enregistrées par une même locutrice.

Consigne :

Nous allons vous présenter deux à deux des phrases qui ne diffèrent que par un détail (un mot, une tournure, une prononciation).

Dans chaque cas, nous vous demandons d'indiquer :
1. *quelle différence vous percevez entre les deux phrases;*
2. *si, habituellement, vous parlez plutôt comme A ou B;*
3. *si, selon vous, la forme correcte est plutôt représentée par A ou B.*

A	B	Différence	Identification	Norme
1. Je m'appelle Christine Delarge. (accent légitime).	1. Je m'appelle Christine Delarge. (accent régional).			
2. J'ai vingt-huit ans. (accent régional)	2. J'ai vingt-huit ans. (accent légitime)			
3. Je vis en Wallonie.	3. Je vis en Wallonie.			
4. Je suis mariée /e/.	4. Je suis mariée /ej/.			

5. Mon mari est fonctionnaire. Il /il/ travaille à Bruxelles.	5. Mon mari est fonctionnaire. Il /i/ travaille à Bruxelles.			
6. Ma famille /y/ est d'origine française.	6. Ma famille /i/ est d'origine française.			
7. Si vous êtes trop‿occupé,	7. Si vous êtes trop / occupé,			
8. Je reviendrai /ɛ/	8. Je reviendrai /e/			
9. C'est drôle que votre secrétaire ne vous *a* pas prévenu.	9. C'est drôle que votre secrétaire ne vous *ait* pas prévenu.			
10. Où avait-il la tête?	10. Où est-ce qu'il avait la tête?			
11. euh... je parle l'anglais... et puis... euh... je sais ta... taper à la machine.	11. Je parle l'anglais et je sais taper à la machine.			
12. Ça fait un an que je *ne* travaille plus, ce *n*'est plus possible de continuer ainsi.	12. Ça fait un an que je travaille plus, c'est pas possible de continuer ainsi.			
13. Je suis trop nerveuse pour rester assise toute la journée.	13. Je suis trop nerveuse que pour rester assise toute la journée.			
14. Quand je n'ai pas mes lunettes, je ne *sais* pas lire.	14. Quand je n'ai pas mes lunettes, je ne *peux* pas lire.			
15. Ce texte devra-t-être revu.	15. Ce texte devra être revu.			

Les phénomènes retenus concernent les domaines suivants:
a) Phonétique et aspects supra-segmentaux:
   - accent régional vs légitime («français») (items 1, 2);
   - liaisons facultatives (items 3, 7, 15);
   - débit (item 11): hésitant vs rapide.
b) Morphologie:
   - *je suis mariée* (/e/-/ej/) (item 4);
   - *il travaille* (/il/-/i/) (item 5);

- *je reviendrai* (/ɛ/-/e/)-(item 8);
- *famille* (/fami/-/famij/) (item 6).
c) syntaxe:
  - *a/ait* (item 9);
  - *où* + inversion / *où est-ce que* (item 10);
  - négation avec ou sans *ne* (item 12);
  - *trop pour* / *trop que pour* (item 13);
d) Vocabulaire (belgicisme): *savoir* / *pouvoir* (item 14).

12. EPREUVE CHOIX D'UNE INSTITUTRICE
(Enseignants).

1. Je m'appelle Christine Lebon; j'ai trente-quatre ans, je suis mariée et j'ai deux enfants. J'ai fait mes études d'institutrice à Jonfosse. Je suis sortie en 1970 et puis j'ai travaillé dans un bureau, mais je n'aimais pas ça; ce n'était pas intéressant. Je trouvais ça monotone: je préfère l'enseignement (texte dit avec un accent liégeois.)

2. Je m'appelle Evelyne Dupont, trente-quatre ans, mariée, deux enfants; j'ai terminé mes études d'institutrice — à Jonfosse — en 1960-10. Ensuite, j'ai travaillé dans un bureau, mais ce n'était pas mon truc. C'était pas intéressant: trop routinier! Je préfère l'enseignement (texte dit avec un accent légitime français).

Les deux textes ont été construits de façon à présenter plusieurs dimensions de contraste. Le sujet interrogé est ainsi placé dans une situation paradoxale de choix forcé, ce qui doit l'amener à expliciter et à nuancer ses normes de références et son système d'évaluation.

Le système d'oppositions entre les deux textes peut se résumer ainsi:

1.	2.
- Accent régional (liégeois).	- Accent légitime (français).
- Débit lent.	- Débit rapide.
- Phrases construites sur une même structure (SN — SV).	- Phrases à structures syntaxiques diverses (ellipse et nominalisation).
- *Septante*.	- *Soixante-dix*.
- Expressions « classiques ».	- Expressions « modernes » (*ce n'était pas mon truc*).
- Négation avec *ne*.	- Négation sans *ne*.

L'objectif général est de déceler si l'enseignant, placé dans cette situation de choix forcé, va préférer, en gros, quelqu'un qui respecte la variété légitime en matière syntaxique et lexicale, mais qui s'exprime avec un accent liégeois, ou quelqu'un qui prend des libertés avec la variété légitime tout en manifestant une attitude francisante. Par ailleurs, il sera intéressant d'analyser sur quels traits linguistiques portera en priorité l'évaluation : accent, débit, vocabulaire, diversité des structures syntaxiques.

13. L'«AUTORITE LINGUISTIQUE»
(Enseignants, entretien oral).

L'épreuve se présente sous la forme suivante : *Supposons que vous ayez l'habitude d'employer la forme x et que quelqu'un vous fasse remarquer qu'il faut employer la forme y. Quelle serait votre réaction si la personne qui vous fait la remarque est :*
- un Français cultivé,
- un grammairien,
- un enseignant de français,
- un écrivain,
- un Belge cultivé,
- un membre de l'Académie française.

Les exemples retenus concernent :
- le vocabulaire : *solutionner/résoudre* (les puristes condamnent *solutionner*);
- l'orthographe :
  - *métempsychose/métempsycose*[7]
  - *Prend-t-on le train / prend-on le train;*
- la morpho-phonologie :
  - *les pommes qu'elle a cueillies* (/i/-/ij/). Le cas a été choisi en vue de saisir dans quelle mesure les enseignants liégeois sont sensibles à des remarques touchant les particularités phonologiques régionales;
- *le pot* (/ɔ/-/o/). Le cas est analogue au précédent, mais relève uniquement de la phonologie, alors que l'accord du participe passé touchait à la fois la phonologie et la morphologie. La variante légitime (/o/) est sans doute moins connue des enseignants que celle concernant la finale des participes passés.

NOTES

[1] Le terme «crin», utilisé en Belgique, désigne une entaille dans le cuir chevelu; il est parfaitement compris de tous les jeunes locuteurs belges.

[2] Cet item donne la mesure de la compréhension de la consigne par le sujet; il doit théoriquement être rejeté par 100 % des sujets.

[3] Nous utilisons ici le terme «agrammatical» dans un sens différent de celui des grammairiens générativistes, pour désigner des phrases qui contreviennent aux règles des variétés linguistiques du français auxquelles sont habituellement exposés les locuteurs de notre étude (à l'exclusion, par exemple, des variétés canadiennes ou africaines).

[4] L'élève peut lire les items.

[5] TV est l'abréviation couramment utilisée en Belgique. C'est à dessein que nous avons utilisé la forme la plus familière aux élèves.

[6] On admet *se rappeler de moi* parce que* *il se me rappelle*.

On rejette : *se rappeler d'une histoire* pour lui préférer *se rappeler une histoire;*
          s'en rappeler   *se la rappeler.*

[7] C'est l'une des trappes de l'orthographe française. L'analogie et l'étymologie conduisent sans l'ombre d'un doute à *métempsychose*. C'est l'autre qui est correct.

Bibliographie

AGHEYISI, R. et FISHMAN, J.A. (1979), Language attitude studies. A brief survey of methodological approaches. *Anthropological Linguistics, 5,* 137-157.
ALLPORT, G.W. (1935), Attitudes. In C. Murchinson (éd.), *A handbook of social psychology.* Worcester, Mass: Clark University Press.
ALTHUSSER, L. (1970), Idéologie et appareils idéologiques d'état. *La Pensée, 151.*
ANISFELD, E. et LAMBERT, W.E. (1964), Evaluational reactions of bilingual and monolingual children to spoken language. *Journal of Abnormal and Social Psychology, 69,* 89-97.
ARTHUR, B., FARRAR, D. et BRADFORD, G. (1974), Evaluation reactions of college students to dialect differences in the English of Mexican-Americans. *Language and Speech, 17,* 255-270.
BATES, E. (1976), *Language and context: the acquisition of pragmatics.* New York: Academic Press.
BAUDELOT, C. et ESTABLET, R. (1971), *L'école capitaliste en France.* Paris: Maspero.
BERKO-GLEASON, J. (1973), Code switching in children's language. In T.E. Moore (éd.), *Cognitive development and the acquisition of language.* New York: Academic Press.
BERNSTEIN, B. (1971), *Class, codes and control,* I et II. Londres: Routledge et Kegan Paul.
BERNSTEIN, B. (1975), *Langage et classes sociales,* Paris: Minuit (pour la traduction française).
BLOOMFIELD, L. (1933), *Language.* New York: Holt. *Le langage.* Paris: Payot, 1970.
BOUDON, R. (1976), Les limites des schémas déterministes dans l'explication sociologique. *Cahiers Vilfredo Pareto, 38-39,* 417-435.
BOURCIEZ, E. et J. (1974), *Phonétique française. Etude historique.* Paris: Klincksieck.
BOURDIEU, P. (1977), L'économie des échanges linguistiques. *Langue française, 34,* 17-35.

BOURDIEU, P. (1979), *La distinction. Critique sociale du jugement*. Paris: Minuit.
BOURDIEU, P. (1982), *Ce que parler veut dire*. Paris: Fayard.
BOURDIEU, P. (1983), Entretien avec William Labov. Le changement linguistique. *Actes de la recherche en sciences sociales*, 46, 67-73.
BOURHIS, R.Y., GILES, H., LEYENS, J.-P. et TAJFEL, H. (1979), Psycholinguistic distinctiveness: language divergence in Belgium. In H. Giles et R.N. St Clair (éds), *Language and social psychology*. Oxford: Basil Blackwell et Baltimore: University Park Press, 158-185.
BRIGHT, W. (1966) (éd.), *Sociolinguistics*. La Haye: Mouton.
BRONFENBRENNER, U. (1979), *The ecology of human development. Experiments by nature and design*. Cambridge et Londres: Harvard University Press.
CARRANZA, M.A. et RYAN, E.B. (1975), Evaluative reactions of bilingual Anglo and Mexican-American adolescents toward speakers of English and Spanish. *International Journal of the Sociology of Language*, 6, 83-104.
CHEYNE, W. (1970), Stereotyped reactions to speakers with Scottish and English regional accents. *British Journal of Social and Clinical Psychology*, 9, 77-79.
CHOY, S. et DODD, D. (1976), Standard-English-speaking and non-standard Hawaïan-English-speaking children: comprehension of both dialects and teachers' evaluations. *Journal of Educational Psychology*, 68, 184-193.
COSERIU, E. (1973), Sistema, norma y habla. In *Teoría del lenguaje y lingüística general*. Madrid: Gredos, 11-113.
CREMONA, C. et BATES, E. (1977), The development of attitudes toward dialect in Italian children. *Journal of Psycholinguistic Research*, 6, 223-232.
CROWL, T. et NURSS, J. (1976), Ethnic and regional influences on teachers' evaluations of oral answers. *Contemporary Educational Psychology*, 1, 236-240.
D'ANGLEJAN, A. et TUCKER, G.R. (1973), Sociolinguistics correlates of speech style in Québec. In R.W. Shuy et R.W. Fasold (éds), *Language attitudes: current trends and prospects*. Washington D.C.: Georgetown University Press, 1-28.
DAY, R. (1982), Children's attitudes toward language. In E.B. Ryan et H. Giles (éds), *Attitudes towards language variation*, Londres: Edward Arnold.
DICKSON, W.P. (éd.) (1981), *Children's oral communication skills*. New York: Academic Press.
EDELSKY, C. (1977), Acquisition of an aspect of communicative competence: learning what it means to talk like a lady. In S. Ervin-Tripp et C. Mitchell-Kernan (éds), *Child Discourse*, New York: Academic Press, 225-245.
EDWARDS, J.R. (1977), Students' reactions to Irish regional accents. *Language and Speech*, 20, 280-286.
EDWARDS, J.R. (1979), Judgments and Confidence in reactions to disadvantaged speech. In H. Giles et R. St Clair (éds), *Language and social psychology*, Oxford: Basil Blackwell et Baltimore, University Park Press, 22-44.
EDWARDS, J.R. (1982), Language attitudes and their implications among English speakers. In E.B. Ryan et H. Giles (éds), *Attitudes towards language variation*, op. cit., 20-34.
ERVIN-TRIPP, S. (1977), Wait for me, roller skate! In S. Ervin-Tripp et C. Mitchell-Kernan (éds), *Child Discourse*, New York: Academic Press, 168-189.
ERVIN-TRIPP, S. et MITCHELL-KERNAN, C. (éds) (1977), *Child Discourse*, New York: Academic Press.
FISHBEIN, M. (1967), A consideration of beliefs and their role in attitude measurement. In M. Fishbein (éd.), *Readings in attitude theory and measurement*, New York: John Wiley, 257-265.
FISHMAN, J.A. (1971), *Sociolinguistique*. Paris: Nathan-Labor.

GARNICA, O. et KING, M.L. (éds) (1979), *Language, children and society.* Oxford: Pergamon Press.
GILES, H. (1971), Patterns of evaluation in reactions to R.P., South Welsh and Somerset accented speech. *British Journal of Social and Clinical Psychology, 10,* 280-281.
GILES, H. et BOURHIS, R.Y. (1973), Dialect perception revisited. *Quarterly Journal of Speech, 59,* 337-342.
GILES, H., TAYLOR, D.M et BOURHIS, R.Y. (1973), Towards a theory of interpersonal accommodation through language: some Canadian data. *Language in Society, 2,* 177-192.
GILES, H., BOURHIS, R.Y., TRUDGILL, P. et LEWIS, A. (1974), The imposed norm hypothesis: a validation. *Quarterly Journal of Speech, 60,* 405-410.
GILES, H., BAKER, S. et FIELDING, G. (1975), Communication length as a behavioural index of accent prejudice. *International Journal of the Sociology of Language, 6,* 73-81.
GILES, H. et POWESLAND, P.F. (1975), *Speech style and social evaluation.* Londres: Academic Press.
GILES, H., BOURHIS, R.Y. et DAVIES, A. (1979), Prestige speech styles: the imposed norm and inherent value hypotheses. In W. McCormack et S. Wurm (éds), *Language in anthropology IV: Language in many ways.* La Haye: Mouton, 589-596.
GILES, H. et ST CLAIR, R.N. (éds) (1979), *Language and social psychology.* Oxford: Basil Blackwell et Baltimore: University Park Press.
GILES, H. et SMITH, P.M. (1979), Accommodation theory: optimal levels of convergence. In H. Giles et St Clair (éds), *Language and social psychology, op. cit.,* 45-46.
GILES, H., ROBINSON, W.P. et SMITH, P. (éds) (1980), *Language: social psychological perspectives.* Oxford: Pergamon Press.
GRANGER, R., MATHEWS, M., QUAY, L. et VERNER, R. (1977), Teacher judgments on the communication effectiveness of children using different speech patterns. *Journal of Educational Psychology, 69,* 793-796.
GREVISSE, M. (1969), *Le bon usage,* Gembloux: Duculot, 9ᵉ édition.
GUEUNIER, N., GENOUVRIER, E. et KHOMSI., A. (1978), *Les Français devant la norme. Contribution à une étude de la norme du français parlé.* Paris: Champion.
GUEUNIER, N. (1982), Linguistique et normes. *Le français dans le monde, 169,* 17-26.
GUMPERZ, J.J. et HYMES, D. (éds) (1966), The ethnography of communication. *American Anthropologist,* Washington D.C.: American Anthropological Association, 6, part 2.
HALLIDAY, M.A.K. (1968), The users and uses of language. In J.A. Fishman (éd.) *Readings in the sociology of language.* La Haye: Mouton, 139-169.
HANSE, J. (1983), *Nouveau dictionnaire des difficultés du français moderne.* Gembloux: Duculot.
HELGORSKY, F. (1982), La notion de norme en linguistique. *Le français moderne, 1,* 2-12.
HERZLICH, C. (1972), La représentation sociale. In S. Moscovici (éd.), *Introduction à la psychologie sociale.* Paris: Larousse, 303-325.
HJEMSLEV, L. (1971), *Essais linguistiques.* Paris: Minuit.
HOUDEBINE, A.-M (1982), Norme, imaginaire linguistique et phonologie du français contemporain. *Le français moderne, 1,* 42-51.
HOUDEBINE, A.-M (1983), Sur les traces de l'imaginaire linguistique. In V. Aebisher et C. Florel (éds), *Parlers masculins, parlers féminins?* Paris: Delachaux et Niestlé.
HYMES, D. (1964), *Language in culture and society.* New York: Harper et Row.
HYMES, D. (1968), The ethnography of speaking. In J.A. Fishman (éd.), *Readings in the sociology of language.* Mouton: La Haye, 99-133.

HYMES, D. (1972), On communicative competence. In J.B. Pride et J. Holmes (éds), *Sociolinguistics*, Penguin Books, 269-293.
JAKOBSON, R. (1963), *Essais de linguistique générale*. Paris: Minuit.
JODELET, D. (1984), Représentation sociale; phénomènes, concept et théorie. In S. Moscovici (éd.), *Psychologie sociale*, Paris: PUF, 357-378.
KLINKENBERG, J.-M. (1982), Les niveaux de langue et le filtre du «bon usage». *Le français moderne*, 1, 52-61.
LABOV, W. (1963), Les motivations sociales d'un changement phonétique. *Word*, 19, 273-309.
LABOV, W. (1966), *The social stratification of English in New York City*. Washington, D.C.: Center for Applied Linguistics.
LABOV, W. (1968), The reflection of social processes in linguistic structures. In J. Fishman (éd.), *Readings in the sociology of language*. La Haye: Mouton, 241-251.
LABOV, W. (1976), *Sociolinguistique*. Paris: Minuit. Traduction de A. KIHM.
LABOV, W. (1978), *Le parler ordinaire*. Paris: Minuit. Traduction de A. KIHM.
LABOV, W. (1983), Le changement linguistique. Entretien avec Bourdieu et Encrevé. *Actes de la recherche en sciences sociales*, 46, 67-71.
LAFONTAINE, D. (1984), Quand les parents posent des questions à leurs jeunes enfants. *Enfance*, 1, 21-41.
LAFONTAINE, D. et LARDINOIS, B. (1985), Les questions: quelles structures les enfants de 7 à 12 ans utilisent-ils? *Bulletin de Psychologie*, 38 (à paraître).
LAFONTAINE, D. (1985a), *Le parti pris des mots. Enseignants et élèves face à la diversité des français*. Université de Liège. Thèse de doctorat en sciences de l'éducation.
LAFONTAINE, D. (1985b), «Le plaisir du texte? Connais pas...». Etude des représentations de la lecture et de l'écriture chez les élèves de huit à quatorze ans, *Revue de l'Organisation des Etudes* (à paraître).
LAFONTAINE, D. (1985c), Le rapport oral/écrit. Où est la différence? Une enquête auprès d'enseignants. *Enjeux*, 8, 46-59.
LAFONTAINE, D. (1985d), Le scriptible: quelles phrases les locuteurs de huit à quatorze ans trouvent-ils acceptables dans un livre? (soumis pour publication à *Enfance*).
LAFONTAINE, D. (1985e), «Et ça, c'est du français?». Comment les locuteurs de douze à dix-huit ans se représentent la variété légitime (*Scientia Paedagogica Experimentalis*, à paraître).
LAMBERT, W.E., HODGSON, R.C., GARDNER, R.C. et FILLENBLAUM, S. (1960), Evaluational reactions to spoken languages. *Journal of Abnormal and Social Psychology*, 60, 44-51.
LAMBERT, W.E., FRANCKEL, H. et TUCKER, G.R. (1966), Judging personality through speech: a French-Canadian example. *The Journal of Communication*, 16, 305-321.
LAMBERT, W.E. (1967), A social psychology of bilingualism. *Journal of Social Issues*, 23, 91-109.
LAMBERT, W.E., SELIGMAN, C.R et TUCKER, G.R. (1971), The effects of speech style and other attributes on teacher's attitudes towards pupils. In W.E. Lambert (1972). *Language, psychology and culture*. California: Stanford University Press, 338-351.
Langue française, numéro sur La norme, 1972, 16.
LEE, R. (1971), Dialect perception: a critical review and reevaluation. *Quarterly Journal of Speech*, 57, 410-417.
LEROY, G. (1974-1975), *Enseignement du français, langue maternelle et société. Essai de mise en perspective*. Université de Liège, thèse de doctorat non publiée.

LEYENS, J.-P. (1983), *Sommes-nous tous des psychologues?* Bruxelles: Mardaga.
LIGHT, R.Y., RICHARD, D.P. et BELL, P. (1978), Development of children's attitudes toward speakers of standard and non standard English. *Child Study Journal*, 8, 253-265.
MACAULAY, R.K.S. (1975), Negative prestige, linguistic insecurity and linguistic self-hatred. *Lingua*, 36, 147-161.
MAISONNEUVE, J. (1973), *Introduction à la psycho-sociologie.* Paris: PUF.
MARCHAND, F. (1971), *Le français tel qu'on l'enseigne.* Paris: Larousse.
MARCHAND, F. (éd.) (1975), *La norme linguistique.* Paris: Delagrave.
MOREAU, M.-L. (1983), *Enquêtes linguistiques,* Université de Mons, document ronéotypé.
MOREAU, M.-L. (1984), *Introduction à la linguistique générale. Notes provisoires.* Université de Mons, document ronéotypé.
MOREAU, M.-L. (1985), La négation avec ou sans *ne*: quand des options méthodologiques ouvrent des perspectives théoriques pour la psycholinguistique (soumis pour publication).
NOEL, D. (1980), *Le français parlé: analyse des attitudes des adolescents de la Ville de Québec selon les classes sociales.* Québec: Centre international de recherche sur le bilinguisme.
OSGOOD, C.E., SUCI, G.J. et TANNENBAUM, P.H. (1967), *The measurement of meaning.* Urbana, Chicago et Londres: University of Illinois Press.
PIAGET, J. (1974), *Réussir et comprendre.* Paris: PUF.
PIAGET, J. (1978), *Le jugement moral chez l'enfant.* Paris: PUF, 5ᵉ édition.
PIETRAS, T. et LAMB, P. (1978), Attitudes of selected elementary teachers toward non-standard Black dialects. *Journal of Educational Research*, 71, 5, 292-297.
PRESTON, M.S. (1963), *Evaluational reactions to English, Canadian, French and European French voices.* Mc Gill University, Redpath Library. Thèse non publiée.
PUTNAM, H. (1979), Ce qui est inné et pourquoi. Commentaires sur le débat. In M. Piattelli-Palmarini (éd.), *Théories du langage, théories de l'apprentissage.* Paris: Seuil, 415-444.
REY, A. (1972), Usages, jugements et prescriptions linguistiques. *Langue française*, 16, 4-29.
ROMAINE, S. (1980), Stylistic variation and evaluative reactions to speech: problems in the investigation of linguistic attitudes in Scotland. *Language and Speech*, 23, 213-232.
ROSENTHAL, R.A. et JACOBSON, L. (1971), *Pygmalion à l'école.* Tournai: Casterman.
RUEID, E. (1978), Social and stylistic variation in the speech of children: some evidence from Edinburgh. In P. Trudgill (éd.), *Sociolinguistic patterns in British English,* Londres: Edward Arnold, 158-171.
RYAN, E.B. (1979), Why do low-prestige language varieties persist? In H. Giles et St Clair (éds). *Language and social psychology.* Oxford: Basil Blackwell et Baltimore: University Park Press, 145-157.
RYAN, E.B. (1980), Language attitudes: social meanings of contrasting speech styles. In H. Giles, W.P. Robinson et P.M. Smith, *Language. Social psychological perspectives.* Oxford: Pergamon Press.
RYAN, E.B. et GILES, H. (éds) (1982), *Attitudes towards language variation. Social and applied contexts.* Londres : Edward Arnold.
SCHERER, K.R. et GILES, H. (1979), *Social markers in speech.* Cambridge: Cambridge University Press.
SCHNEIDERMANN, E. (1982), Sex differences in the development of children's ethnic and language attitudes. *International Journal of the Sociology of Language*, 38, 37-44.

SEGUI, J. et LEVEILLE, M. (1977), Etude de la compréhension de phrases chez l'enfant. *Enfance*, 105-115.
SHUY, R. (1964), *Social dialects and language learning*. Indiana: National Council of Teachers.
SHUY, R. (1984), The decade ahead for applied sociolinguistics. *International Journal of the Sociology of Language, 45*, 101-111.
SINCLAIR, H. et FERREIRO, E. (1970), Etude génétique de la compréhension, production et répétition des phrases au mode passif. *Archives de Psychologie, 41*, 1-42.
SINCLAIR, H. et BRONCKART, J.-P. (1972), SVO: a linguistic universal? A study in developmental psycholinguistics. *Journal of Experimental Child Psychology, 14*, 329-348.
TAYLOR, O. (1973), Teacher's attitudes toward Black and nonstandard English as measured by the Language Attitude Scale. In R. Shuy et R. Fasold (éds), *Language attitudes: current trends and prospects*, Washington: Georgetown University Press, 174-201.
TAYLOR, D.M. et CLEMENT, R. (1974), Normative reactions to styles of Quebec French. *Anthropological Linguistics, 16*, 202-217.
THAKERAR, J.N., GILES, H. et CHESHIRE, J. (1982), Psychological and linguistic parameters of speech accommodation theory. In C. Fraser et K.R. Scherer (éds), *Advances in the social psychology of language*, Cambridge: Cambridge University Press, 205-255.
TRUDGILL, P. (1975), Sex, covert prestige and linguistic change in the urban British English of Norwich. In B. Thorne et N. Henley (éds), *Language and sex: difference and dominance*. Rowley: Newbury House, 88-104.
VAUGELAS (1647), *Remarques sur la langue française utiles à ceux qui veulent bien parler et bien écrire*, Paris.
VON WARTBURG, W. (1961), *Evolution et structure de la langue française*. Berne: Francke Verlag, 9e édition.
WILLIAMS, F. et al. (1976), *Explorations of the linguistic attitudes of teachers*. Rowley: Newbury House.

Table des matières

AVANT-PROPOS 9

INTRODUCTION 11

I. Des variétés et variations linguistiques 11
II. Des représentations et des attitudes linguistiques 14
III. La norme et les normes 16

CHAPITRE I: VARIETES, VARIATIONS ET ATTITUDES
LINGUISTIQUES 21

I. Deux courants de recherche 21
  1. La sociolinguistique 21
  2. La psychologie sociale du langage 22

II. L'étude des attitudes linguistiques: la psychologie sociale
   du langage 25
  1. Les études fondatrices de Wallace Lambert 27
  2. Les continuateurs 28
  3. Des critiques et des réponses aux critiques 31
     A. Une évaluation dans un contexte non défini 31
     B. Des productions linguistiques artificielles 36
     C. Le statut social des juges; validité et fidélité 39
  4. Les grands axes et les problèmes que soulève l'évalua-
     tion des variables linguistiques 41

III. La sociolinguistique 47
   1. William Labov 47
      A. La stratification sociale des variables linguistiques . 47
      B. Les styles contextuels 48
      C. Les tests d'évaluation subjective 49
      D. Le changement linguistique 53
   2. Peter Trudgill 54

CHAPITRE II : ATTITUDES ET NORMES SUBJECTIVES
CHEZ LES ENFANTS ET LES ADOLESCENTS 65

I. Revue de la littérature 65
   1. La compétence 65
   2. Les types d'attitudes 68

II. Contribution empirique 72
   1. Contexte 72
   2. Objectifs 73
   3. Echantillon 74
   4. Recueil des données 75
   5. Epreuves 76
   6. Hypothèses générales 78
   7. Discussion des résultats 78
      A. Evolution des normes subjectives avec l'âge 78
      B. Différences enregistrées selon le sexe, le milieu
         social, le type d'enseignement fréquenté 88
         1° Le sexe 88
         2° Le milieu socio-culturel 90
         3° Le type d'enseignement fréquenté 94

CHAPITRE III : ATTITUDES ET NORMES SUBJECTIVES
CHEZ LES ENSEIGNANTS 103

I. Revue de la littérature 103

II. Contribution empirique 111
   1. Objectifs 111
   2. Echantillon 111
   3. Recueil des données 113
   4. Epreuves 113
   5. Hypothèses générales 116
   6. Discussion des résultats 116

A. L'attitude envers les régiolectes et l'autorité française 117
B. Différences selon le diplôme 121
C. Différences selon le sexe 123
D. Enseignants et variété légitime 126

CONCLUSIONS 131

ANNEXES: DESCRIPTION DES INSTRUMENTS 139

BIBLIOGRAPHIE 155

PSYCHOLOGIE ET SCIENCES HUMAINES
collection publiée sous la direction de MARC RICHELLE

1 Dr Paul Chauchard: LA MAITRISE DE SOI, 9° éd.
5 François Duyckaerts: LA FORMATION DU LIEN SEXUEL, 9° éd.
7 Paul-A. Osterrieth: FAIRE DES ADULTES, 16° éd.
9 Daniel Widlöcher: L'INTERPRETATION DES DESSINS D'ENFANTS, 9° éd.
11 Berthe Reymond-Rivier: LE DEVELOPPEMENT SOCIAL DE L'ENFANT ET DE L'ADOLESCENT, 9° éd.
12 Maurice Dongier: NEVROSES ET TROUBLES PSYCHOSOMATIQUES, 7° éd.
15 Roger Mucchielli: INTRODUCTION A LA PSYCHOLOGIE STRUCTURALE, 3° éd.
16 Claude Köhler: JEUNES DEFICIENTS MENTAUX, 4° éd.
21 Dr P. Geissmann et Dr R. Durand: LES METHODES DE RELAXATION, 4° éd.
22 H. T. Klinkhamer-Steketée: PSYCHOTHERAPIE PAR LE JEU, 3° éd.
23 Louis Corman: L'EXAMEN PSYCHOLOGIQUE D'UN ENFANT, 3° éd.
24 Marc Richelle: POURQUOI LES PSYCHOLOGUES?, 6° éd.
25 Lucien Israel: LE MEDECIN FACE AU MALADE, 5° éd.
26 Francine Robaye-Geelen: L'ENFANT AU CERVEAU BLESSE, 2° éd.
27 B.F. Skinner: LA REVOLUTION SCIENTIFIQUE DE L'ENSEIGNEMENT, 3° éd.
28 Colette Durieu: LA REEDUCATION DES APHASIQUES
29 J.C. Ruwet: ETHOLOGIE: BIOLOGIE DU COMPORTEMENT, 3° éd.
30 Eugénie De Keyser: ART ET MESURE DE L'ESPACE
32 Ernest Natalis: CARREFOURS PSYCHOPEDAGOGIQUES
33 E. Hartmann: BIOLOGIE DU REVE
34 Georges Bastin: DICTIONNAIRE DE LA PSYCHOLOGIE SEXUELLE
35 Louis Corman: PSYCHO-PATHOLOGIE DE LA RIVALITE FRATERNELLE
36 Dr G. Varenne: L'ABUS DES DROGUES
37 Christian Debuyst, Julienne Joos: L'ENFANT ET L'ADOLESCENT VOLEURS
38 B.-F. Skinner: L'ANALYSE EXPERIMENTALE DU COMPORTEMENT, 2° éd.
39 D.J. West: HOMOSEXUALITE
40 R. Droz et M. Rahmy: LIRE PIAGET, 3° éd.
41 José M.R. Delgado: LE CONDITIONNEMENT DU CERVEAU ET LA LIBERTE DE L'ESPRIT
42 Denis Szabo, Denis Gagné, Alice Parizeau: L'ADOLESCENT ET LA SOCIETE, 2° éd.
43 Pierre Oléron: LANGAGE ET DEVELOPPEMENT MENTAL, 2° éd.
44 Roger Mucchielli: ANALYSE EXISTENTIELLE ET PSYCHOTHERAPIE PHENOMENO-STRUCTURALE
45 Gertrud L. Wyatt: LA RELATION MERE-ENFANT ET L'ACQUISITION DU LANGAGE, 2° éd.
46 Dr Etienne De Greeff: AMOUR ET CRIMES D'AMOUR
47 Louis Corman: L'EDUCATION ECLAIREE PAR LA PSYCHANALYSE
48 Jean-Claude Benoit et Mario Berta: L'ACTIVATION PSYCHOTHERAPIQUE
49 T. Ayllon et N. Azrin: TRAITEMENT COMPORTEMENTAL EN INSTITUTION PSYCHIATRIQUE
50 G. Rucquoy: LA CONSULTATION CONJUGALE
51 R. Titone: LE BILINGUISME PRECOCE
52 G. Kellens: BANQUEROUTE ET BANQUEROUTIERS
53 François Duyckaerts: CONSCIENCE ET PRISE DE CONSCIENCE
54 Jacques Launay, Jacques Levine et Gilbert Maurey: LE REVE EVEILLE-DIRIGE ET L'INCONSCIENT
55 Alain Lieury: LA MEMOIRE
56 Louis Corman: NARCISSISME ET FRUSTRATION D'AMOUR
57 E. Hartmann: LES FONCTIONS DU SOMMEIL
58 Jean-Marie Paisse: L'UNIVERS SYMBOLIQUE DE L'ENFANT ARRIERE MENTAL
59 Jacques Van Rillaer: L'AGRESSIVITE HUMAINE
60 Georges Mounin: LINGUISTIQUE ET TRADUCTION
61 Jérôme Kagan: COMPRENDRE L'ENFANT
62 Michael S. Gazzaniga: LE CERVEAU DEDOUBLE
63 Paul Cazayus: L'APHASIE
64 X. Seron, J.L. Lambert, M. Van der Linden: LA MODIFICATION DU COMPORTEMENT
65 W. Huber: INTRODUCTION A LA PSYCHOLOGIE DE LA PERSONNALITE, 2° éd.
66 Emile Meurice: PSYCHIATRIE ET VIE SOCIALE
67 J. Château, H. Gratiot-Alphandéry, R. Doron et P. Cazayus: LES GRANDES PSYCHOLOGIES MODERNES
68 P. Sifnéos: PSYCHOTHERAPIE BREVE ET CRISE EMOTIONNELLE
69 Marc Richelle: B.F. SKINNER OU LE PERIL BEHAVIORISTE
70 J.P. Bronckart: THEORIES DU LANGAGE
71 Anika Lemaire: JACQUES LACAN, 2° éd. *revue et augmentée*
72 J.L. Lambert: INTRODUCTION A L'ARRIERATION MENTALE
73 T.G.R. Bower: DEVELOPPEMENT PSYCHOLOGIQUE DE LA PREMIERE ENFANCE
74 J. Rondal: LANGAGE ET EDUCATION
75 Sheila Kitzinger: PREPARER A L'ACCOUCHEMENT
76 Ovide Fontaine: INTRODUCTION AUX THERAPIES COMPORTEMENTALES
77 Jacques-Philippe Leyens: PSYCHOLOGIE SOCIALE, 2° éd.
78 Jean Rondal: VOTRE ENFANT APPREND A PARLER
79 Michel Legrand: LE TEST DE SZONDI
80 H.J. Eysenck: LA NEVROSE ET VOUS
81 Albert Demaret: ETHOLOGIE ET PSYCHIATRIE
82 Jean-Luc Lambert et Jean A. Rondal: LE MONGOLISME

83 Albert Bandura: L'APPRENTISSAGE SOCIAL
84 Xavier Seron: APHASIE ET NEUROPSYCHOLOGIE
85 Roger Rondeau: LES GROUPES EN CRISE?
86 J. Danset-Léger: L'ENFANT ET LES IMAGES DE LA LITTERATURE ENFANTINE
87 Herbert S. Terrace: NIM, UN CHIMPANZE QUI A APPRIS LE LANGAGE GESTUEL
88 Roger Gilbert: BON POUR ENSEIGNER?
89 Wing, Cooper et Sartorius: GUIDE POUR UN EXAMEN PSYCHIATRIQUE
90 Jean Costermans: PSYCHOLOGIE DU LANGAGE
91 Françoise Macar: LE TEMPS, PERSPECTIVES PSYCHOPHYSIOLOGIQUES
92 Jacques Van Rillaer: LES ILLUSIONS DE LA PSYCHANALYSE, 2e éd.
93 Alain Lieury: LES PROCEDES MNEMOTECHNIQUES
94 Georges Thinès: PHENOMENOLOGIE ET SCIENCE DU COMPORTEMENT
95 Rudolph Schaffer: COMPORTEMENT MATERNEL
96 Daniel Stern: MERE ET ENFANT, LES PREMIERES RELATIONS
97 R. Kempe & C. Kempe: L'ENFANCE TORTUREE
98 Jean-Luc Lambert: ENSEIGNEMENT SPECIAL ET HANDICAP MENTAL
99 Jean Morval: INTRODUCTION A LA PSYCHOLOGIE DE L'ENVIRONNEMENT
100 Pierre Oleron et al.: SAVOIRS ET SAVOIR-FAIRE PSYCHOLOGIQUES CHEZ L'ENFANT
101 Bernard I. Murstein: STYLES DE VIE INTIME
102 Rondal/Lambert/Chipman: PSYCHOLINGUISTIQUE ET HANDICAP MENTAL
103 Brédart/Rondal: L'ANALYSE DU LANGAGE CHEZ L'ENFANT
104 David Malan: PSYCHODYNAMIQUE ET PSYCHOTHERAPIE INDIVIDUELLE
105 Philippe Muller: WAGNER PAR SES REVES
106 John Eccles: LE MYSTERE HUMAIN
107 Xavier Seron: REEDUQUER LE CERVEAU
108 Moreau/Richelle: L'ACQUISITION DU LANGAGE
109 Georges Nizard: ANALYSE TRANSACTIONNELLE ET SOIN INFIRMIER
110 Howard Gardner: GRIBOUILLAGES ET DESSINS D'ENFANTS, LEUR SIGNIFICATION
111 Wilson/Otto: LA FEMME MODERNE ET L'ALCOOL
112 Edwards: DESSINER GRACE AU CERVEAU DROIT
113 Rondal: L'INTERACTION ADULTE-ENFANT
114 Blancheteau: L'APPRENTISSAGE CHEZ L'ANIMAL
115 Boutin: FORMATION ET DEVELOPPEMENTS
116 Húsen: L'ECOLE EN QUESTION
117 Ferrero/Besse: L'ENFANT ET SES COMPLEXES
118 R. Bruyer: LE VISAGE ET L'EXPRESSION FACIALE
119 J.P. Leyens: SOMMES-NOUS TOUS DES PSYCHOLOGUES?
120 J. Château: L'INTELLIGENCE OU LES INTELLIGENCES?
121 M. Claes: L'EXPERIENCE ADOLESCENTE
122 J. Hayes et P. Nutman: COMPRENDRE LES CHOMEURS
123 S. Sturdivant: LES FEMMES ET LA PSYCHOTHERAPIE
124 A. Pomerleau et G. Malcuit: L'ENFANT ET SON ENVIRONNEMENT
125 A. Van Hout et X. Seron: L'APHASIE DE L'ENFANT
126 A. Vergote: RELIGION, FOI, INCROYANCE
127 Sivadon/Fernandez-Zoïla: TEMPS DE TRAVAIL, TEMPS DE VIVRE
128 Born: JEUNES DEVIANTS OU DELINQUANTS JUVENILES?
129 Hamers/Blanc: BILINGUALITE ET BILINGUISME
130 Legrand: PSYCHANALYSE, SCIENCE, SOCIETE
131 Le Camus: PRATIQUES PSYCHOMOTRICES
132 Lars Fredén: ASPECTS PSYCHOSOCIAUX DE LA DEPRESSION
133 Mount: LA FAMILLE SUBVERSIVE
134 Magerotte: MANUEL D'EDUCATION COMPORTEMENTALE CLINIQUE
135 Dailly / Moscato: LATERALISATION ET LATERALITE CHEZ L'ENFANT
136 Bonnet / Tamine-Gardes: QUAND L'ENFANT PARLE DU LANGAGE
137 Bruyer: LES SCIENCES HUMAINES ET LES DROITS DE L'HOMME
138 Taulelle: L'ENFANT A LA RENCONTRE DU LANGAGE
139 de Boucaud: PSYCHOLOGIE DE L'ENFANT ASTHMATIQUE
140 Duruz: NARCISSE EN QUETE DE SOI
141 Feyereisen / de Lannoy: PSYCHOLOGIE DU GESTE
142 Florin et Al.: LE LANGAGE A L'ECOLE MATERNELLE
143 Debuyst: MODELE ETHOLOGIQUE ET CRIMINOLOGIE
144 Ashton / Stepney: FUMER
145 Winkel et Al.: L'IMAGE DE LA FEMME DANS LES LIVRES SCOLAIRES
146 Bideaud / Richelle: PSYCHOLOGIE DEVELOPPEMENTALE
147 Schmid-Kitsikis: THEORIE CLINIQUE ET FONCTIONNEMENT MENTAL
148 Guggenbühl / Craig: POUVOIR ET RELATION D'AIDE
149 Rondal: LANGAGE ET COMMUNICATION CHEZ LES HANDICAPES MENTAUX
150 Moscato et Al.: FONCTIONNEMENT COGNITIF ET INDIVIDUALITE
151 Château: L'HUMANISATION OU LES PREMIERS PAS DES VALEURS HUMAINES
152 Avery / Litwack: NEE TROP TOT
153 Rondal: LE DEVELOPPEMENT DU LANGAGE CHEZ L'ENFANT TRISOMIQUE 21
154 Kellens: DEVIANCES, DELINQUANCES

Hors collection

Paisse: PSYCHOPEDAGOGIE DE LA LUCIDITE
Paisse: ESSENCE DU PLATONISME
Collectif: SYSTEME AMDP
Boulangé/Lambert: LES AUTRES, L'EXPRESSION ARTISTIQUE CHEZ LES HANDICAPES MENTAUX

Manuels et Traités

2 Thinès: PSYCHOLOGIE DES ANIMAUX
3 Paulus: LA FONCTION SYMBOLIQUE ET LE LANGAGE
4 Richelle: L'ACQUISITION DU LANGAGE
5 Paulus: REFLEXES-EMOTIONS-INSTINCTS
  Droz-Richelle: MANUEL DE PSYCHOLOGIE
  Hurtig-Rondal: MANUEL DE PSYCHOLOGIE DE L'ENFANT (Tome 1)
  Hurtig-Rondal: MANUEL DE PSYCHOLOGIE DE L'ENFANT (Tome 2)
  Hurtig-Rondal: MANUEL DE PSYCHOLOGIE DE L'ENFANT (Tome 3)
  Rondal-Seron: LES TROUBLES DU LANGAGE (DIAGNOSTIC ET REEDUCATION)
  Fontaine/Cottraux/Ladouceur: CLINIQUES DE THERAPIE COMPORTEMENTALE